De la Vie d'Amour
envers le Sacré-Cœur de Jésus

Léon Dehon

Fondateur des Prêtres du Sacré-Cœur

De la vie d'amour
envers le Sacré-Cœur de Jésus

Editions SCJ Clairefontaine

Heimat und Mission

Note éditoriale

Le texte *De la Vie d'Amour envers le Sacré-Cœur de Jésus* est établi à partir de la première édition, parue en 1901 à Paris (Librairie Internationale Catholique), Leipzig (Kittler) et Tournai (Casterman).

Pour les corrections, le texte mis en ligne sur *www.dehondocs.it* a été consulté. Les références exactes aux textes bibliques ont été indiquées entre parenthèses dans le texte. En note figure la traduction des citations latines que le Père Léon Dehon n'a pas lui-même traduites dans son texte. Un index des citations bibliques et un index des noms ont été ajoutés à la fin du volume.

Photo en couverture :

Le Christ en croix
Détail d'une miniature d'un manuscrit
Photo Prof. Norbert Thill-Beckius
Archives Heimat und Mission

Heimat und Mission, L-8401 Steinfort

www.scjef.org

Impression BOD – Books on Demand, Allemagne

ISBN 978-99959-913-9-5

Dépôt légal, octobre 2015

Préface

Saint Ignace termine sa retraite par un exercice qu'il appelle « contemplation pour exciter à l'amour » *(contemplatio ad amorem)*. Sa pensée est donc qu'une bonne retraite doit établir les âmes dans la vie d'amour et qu'elles doivent y demeurer.

Nous nous proposons simplement dans cette série de méditations d'aider les âmes à vivre de cette vie d'amour. C'est un mois de méditations *ad amorem* ou si l'on veut une retraite *ad amorem*. Nous n'avons pas la ridicule prétention de remplacer les *Exercices* de saint Ignace, nous voulons seulement aider quelques âmes à conserver les fruits de ces *Exercices* et même à les multiplier.

Était-ce à propos de faire cela, nous le pensons. Depuis saint Ignace, le Sacré-Cœur de Jésus s'est manifesté à nous. Il s'est révélé à la bienheureuse Marguerite-Marie, il a inspiré saint Jean Eudes. Il demande plus instamment qu'auparavant la vie d'amour. Il est donc juste d'y aider les âmes.

Nous rappelons dans ces méditations les motifs de l'amour, dont les principaux sont le désir et l'ordre divin et les bienfaits de Dieu.

Nous décrivons les diverses formes de l'amour : la reconnaissance, la bienveillance, la compassion, l'union et l'abandon.

Nous expliquons les moyens pour acquérir et développer la ferveur de l'amour c'est la partie la plus pratique de nos méditations.

Enfin nous exposons les effets du véritable amour pour aider les âmes à reconnaître si elles sont dans la bonne voie.

Nous offrons ce modeste travail au Sacré-Cœur de Jésus. C'est pour aider à son règne que nous l'avons écrit. Nous le confions à Notre-Dame du Sacré-Cœur, la Reine du bel amour pour qu'elle daigne le bénir et le féconder.

Première méditation

Des trois voies :
de crainte, d'espérance et d'amour

I. Préparation pour la veille

Lecture du saint Évangile : Lc 1

74. Ut sine timore, de manu inimicorum liberati, serviamus illi. 75. In sanctitate et justitia coram ipso, omnibus diebus nostris. 76. Et tu puer propheta Altissimi vocaberis : præibis enim ante faciem Domini parare vias ejus. 77. Ad dandam scientiam salutis plebi ejus in remissionem peccatorum eorum. 78. Per viscera misericordiæ Dei nostri, in quibus visitavit nos, oriens ex alto. 79. Illuminare his, qui in tenebris et in umbra mortis sedent : ad dirigendos pedes nostros in viam pacis.

74. (Dieu nous a visités) pour que, délivrés de nos ennemis, nous le servions sans crainte. 75. Dans la sainteté et la justice, sous ses yeux, tous les jours de notre vie. 76. Et toi, enfant, tu seras le prophète du Très-Haut : tu marcheras devant le Seigneur pour lui préparer les voies. 77. Pour enseigner la science du salut à son peuple, pour la rémission de leurs péchés. 78. Par la miséricorde du cœur de votre Dieu qui est venu du ciel nous visiter dans sa bonté. 79. Pour éclairer ceux qui

gisaient dans les ténèbres et l'ombre de la mort : pour diriger nos pas dans les voies de la paix.

Sommaire. – Trois voies conduisent à Dieu : la crainte, l'espérance et l'amour.

La crainte est surtout utile aux commençants.

L'espérance est souvent mêlée d'amour-propre.

La charité est plus pure et plus féconde.

II. Méditation

1. Lecture du saint Évangile

2. Méditation

Le disciple. – Seigneur, dirigez mes pas, faites-moi connaître vos voies. Enseignez-moi le chemin par lequel je dois marcher.

I. Trois voies conduisent au salut

Réflexions. – Le point de départ est toujours l'état de grâce. Il faut sortir du péché et revêtir la charité pour vivre de la vie chrétienne. Mais avec cette charité initiale, vous aurez encore devant vous trois voies, celles de la crainte, de l'espérance et de l'amour. Nous les nommons ainsi par le motif d'action qui les caractérise. Il ne faut pas toutefois qu'un de ces motifs exclue absolument les deux autres, autrement les deux premières voies ne seraient pas bonnes, l'exercice de la charité n'y ayant pas lieu ; et la troisième voie serait contraire aux principes de la foi et à votre état présent de voyageurs, en ce qu'elle exclurait l'espérance.

Mais dans la première, le motif de la crainte est celui qui agit le plus souvent et qui fait une plus forte impression. Dans la seconde, c'est le motif de l'espérance, dans la troisième, celui de la charité.

Personne n'est le maître, du moins au commencement, de choisir sa voie. Il y a des âmes que Notre-Seigneur conduit par la crainte, d'autres qu'il attire à lui par l'espérance, d'autres qu'il s'attache par l'amour.

Le Sauveur. – Oui, mais mon intention est que dans le progrès de la voie, l'amour gagne toujours le dessus, qu'il modère et même qu'enfin il bannisse la crainte, surtout la crainte servile, qu'il ennoblisse et qu'il purifie l'espérance. Je dispose le cœur à cela peu à peu, s'il est fidèle ; et le devoir des âmes est de seconder en cela l'opérateur de ma grâce, qui tend à les faire avancer dans l'accomplissement du grand précepte de l'amour : ce sont les cœurs que je veux.

II. De la voie de crainte

La voie de crainte est extrêmement utile dans les commencements de la vie chrétienne. Elle est nécessaire pour retirer le pécheur de ses habitudes. La jeunesse, dont les penchants sont violents, en a longtemps besoin.

Les âmes menées par cette voie sont très frappées de la rigueur des jugements divins, des supplices de l'enfer, et de toutes les vérités terribles de la religion. Dieu se sert de la crainte pour arrêter la fougue des passions, pour contrebalancer l'attrait séduisant des objets sensibles, pour prévenir l'âme contre les occasions et les dangers qu'elle rencontre et pour lui servir de frein lorsqu'elle est pressée par de violentes tentations.

Mais il arrive souvent que les âmes portées à la crainte la poussent au-delà des limites que Dieu leur a marquées, qu'elles se fixent dans cette voie, qu'elles n'aiment à lire et à méditer que les sujets qui s'y rapportent. Il y a là un inconvénient. Notre-Seigneur ne peut pas alors élever ces âmes à son amour comme il le voudrait.

La crainte est plus propre à éloigner du mal qu'à porter au bien. Du moins, si elle fait pratiquer le bien, c'est uniquement celui qui est d'obligation étroite et rigoureuse. La crainte resserre le cœur, elle ne voit pas ce que la vertu a d'aimable, elle ne porte pas à la générosité. Elle peut conduire une âme au salut, mais pas à la sainteté.

La crainte n'adoucit pas le joug divin, elle en laisse sentir tout le poids. L'âme qui se laisse dominer par la crainte ne prend du service divin que ce qui lui paraît de stricte obligation et elle s'y traîne péniblement. Elle n'y trouve ni douceur, ni consolation, ni encouragement. La joie du Saint-Esprit lui est inconnue, elle est triste, chagrine et inquiète, et souvent tentée de tout abandonner.

Enfin la crainte laisse trop de part à l'amour-propre. Elle vous fait envisager les grandes vérités de la religion uniquement par rapport à vous-mêmes et à votre intérêt personnel. Elle dégénère en une crainte servile, fort peu surnaturelle, qui a moins d'horreur du péché que du châtiment qui le suit, et qui considère moins l'offense de Dieu que le malheur éternel qui en résulte pour le pécheur.

Cette crainte serait même insuffisante et incompatible avec la charité, si l'appréhension de la peine était le seul motif qui vous détournât du péché.

Le Sauveur. – J'ai voulu vous marquer cela dans la parabole des talents. J'ai parlé d'un serviteur qui a reçu un talent et qui, par crainte du compte à rendre, enfouit son talent de peur de le perdre. Il n'a au cœur que de la crainte, une crainte servile et il ne fait pas fructifier le talent de son maître : « *timens abii et abscondi talentum tuum in terra*[1] » (Mt 25, 25). Aussi, à son retour, le

---

[1] *- Dans la crainte, il s'en alla cacher le talent en terre. (Mt 25, 25)*

maître reçoit sévèrement ce serviteur inutile, il lui reprend son talent et le fait jeter dans les ténèbres extérieures où règnent les pleurs et les grincements de dents : « *serve male et piger... tollite itaque ab eo talentum... et inutilem servum ejicite in tenebras exteriores : ibi erit fletus et stridor dentium[1].* » (Mt 25, 26.28.30) Voilà où peut conduire la crainte, quand elle est dominée par l'amour-propre.

III. La voie d'espérance

L'espérance chrétienne a de grands avantages sur la crainte. Elle élève le cœur, elle l'anime à la pratique de la vertu, elle l'encourage à en vaincre les difficultés par la vue de la récompense. Elle le porte même à faire et à souffrir de grandes choses pour la mériter et l'accroître. Ce sont là certainement de grands avantages, et ce n'est pas en vain que votre Dieu, connaissant votre faiblesse et votre répugnance au bien, a voulu vous exciter et vous soutenir par la grandeur du prix qui vous attend à la fin de la carrière.

Mais comme vous êtes naturellement intéressés, il est à craindre que l'âme conduite par la voie de l'espérance ne donne à ce motif plus de prise qu'il ne faut, et d'une manière qui préjudicie

---

[1] *- Serviteur mauvais et paresseux... enlevez-lui donc le talent...et jetez le serviteur inutile dans les ténèbres extérieures : là il y aurales pleurs et les grincements de dents. (Mt 25, 26.28.30)*

à l'amour. Elle est exposée à devenir mercenaire, en arrêtant plutôt les yeux sur la récompense que sur la bonté divine qui s'est engagée à vous la donner. Elle pense moins à plaire à Dieu qu'à acquérir des mérites ; elle compte pour ainsi dire avec Dieu et met à prix ses services.

Cette âme est sujette aussi à tirer gloire de ce qu'elle fait au-delà du nécessaire pour gagner le ciel ; à s'appuyer plus sur ses bonnes œuvres que sur les mérites de Notre-Seigneur ; à présumer qu'après tout ce qu'elle a fait et souffert la récompense lui est acquise.

L'amour-propre lui fait rapporter à elle-même la possession éternelle de Dieu. Elle regarde cette possession moins par rapport à Dieu qui se glorifiera en elle, que par rapport à sa propre jouissance et au bonheur qui lui en reviendra. En un mot, ce qu'elle aime dans la félicité céleste est plutôt son contentement et son rassasiement, que le bon plaisir de Dieu.

Sans doute il n'y a rien en tout cela qui intéresse essentiellement la charité ; elle en est cependant affaiblie, sa pureté en souffre, et il y a bien de l'imperfection à s'occuper ainsi beaucoup plus de son propre intérêt que de celui de Dieu.

Le Sauveur. – Si le motif de la récompense est celui qui a le plus fortement agi sur vous jusqu'ici, c'est à vous de voir, en ma présence, si vous n'avez pas à vous reprocher plusieurs des imperfections que vous venez de considérer, et si vous ne devez pas travailler à vous en purifier, en vous tournant davantage du côté de l'amour et en donnant à son motif toute la prépondérance qu'il mérite.

Combien plus élevée et plus pure est la voie d'amour ! Elle met Dieu à sa place et en fait vraiment le maître, le centre et l'idéal de tout ; et elle fait des créatures comme une cour attentive et empressée, toute dévouée au maître qu'elle aime et de qui elle tient tout. La crainte et l'espérance ne doivent être que des auxiliaires ; c'est la charité qui est la reine et la maîtresse de la vie intérieure, et c'est pour vous aider à vivre de cette vie d'amour que je suis venu vous offrir une source nouvelle d'amour en manifestant mon Cœur à la bienheureuse Marguerite-Marie.

AFFECTIONS ET RÉSOLUTIONS

Ô mon bon maître, je suis confus de vous avoir si mal servi jusqu'à présent, et toujours pour des motifs très imparfaits. Venez, remplissez mon cœur de votre amour, afin que je ne pense plus à autre chose qu'à vous servir par amour. Votre beauté infinie, vos bontés incessantes m'y invitent et me pressent. Prenez mon cœur et ne le laissez plus être ingrat.

BOUQUET SPIRITUEL

 – *Ut sine timore serviamus illi, in sanctitate et justitia coram ipso.* (S. Luc, chap. I)

– *Charitas diffusa est in cordibus nostris per Spiritum Sanctum qui datus est nobis.* (Ad Rom. V)

– *Non enim accepistis Spiritum servitutis iterum in timore, sed accepistis spiritum adoptionis filiorum in quo clamamus: Abba, Pater.* (Rom. VIII)

– (Jésus est venu) pour que nous le servions sans crainte dans la sainteté et la justice, sous ses yeux. (Lc 1, 74-75)

– La charité a été répandue dans nos cœurs par le Saint-Esprit qui nous a été donné. (Rm 5, 5)

– Vous n'avez plus reçu l'esprit de servitude dans la crainte, mais l'esprit d'adoption des enfants, dans lequel nous crions : Abba, mon Père. (Rm 8, 15)

Deuxième Méditation

Des avantages de la voie d'amour

I. Préparation pour la veille

Lecture du saint Évangile : Jn 15

14. Vos amici mei estis, si feceritis quæ ego præcipio vobis. 15. Jam non dicam vos servos. Quia servus nescit quid faciat dominus ejus. Vos autem dixi amicos : quia omnia quæcumque audivi a Patre meo, nota feci vobis. 16. Non vos me elegistis. Sed ego elegi vos, et posui vos ut eatis, et fructum afferatis ; et fructus vester maneat ; ut quodcumque Patrem petieritis in nomine meo det vobis.

14. Vous êtes mes amis, si vous faites ce que je vous commande. 15. Je ne vous appellerai plus mes serviteurs, parce que le serviteur ne sait pas ce que fait son maître. Je vous appelle mes amis, parce que je vous ai fait connaître tout ce que j'ai appris de mon Père. 16. Ce n'est pas vous qui m'avez choisi : c'est moi qui vous ai choisis et vous ai établis, pour que vous alliez et que vous portiez des fruits et que vos fruits restent ; et tout ce que vous demanderez à mon Père en mon nom, il vous le donnera.

Sommaire. – L'amour ôte à la crainte et à l'espérance ce qui s'y mêle d'amour-propre. La voie d'amour est la plus simple parce qu'elle réduit tout à un seul motif dans lequel les autres sont éminemment compris. C'est la voie la plus douce. Elle nous prend par le cœur et notre cœur est fait pour aimer.

II. Méditation

1. Lecture du saint Évangile

2. Méditation

Le disciple. – Bon Maître, votre ancêtre bien-aimé David aimait à dire à Dieu : « Seigneur, enseignez-moi la voie à suivre, indiquez-moi, montrez-moi votre voie ». Moi aussi, je vous dis : Montrez-moi la voie la meilleure et donnez-moi la grâce de la suivre.

I. La voie d'amour est la plus parfaite

Réflexions. – L'amour surpasse la crainte et l'espérance. L'amour ne détruit pas la crainte et l'espérance, mais il leur ôte ce que l'amour-propre peut y mêler de vues mercenaires.

L'amour ne connaît point habituellement d'autre crainte que la crainte filiale, c'est-à-dire que la crainte de déplaire à un Père bien-aimé. Cette crainte étant fille de l'amour est tout autrement attentive et délicate que la crainte de la justice divine et de ses châtiments. Elle porte à éviter les moindres fautes, les moindres imperfections volontaires. Au lieu de resserrer et de glacer le cœur, elle l'élargit et l'échauffe. Elle ne cause aucun trouble, aucune alarme ; et lors même qu'il est échappé quelque faute, elle ramène doucement l'âme à son Dieu par un repentir paisible et sincère. On cherche à l'apaiser et à le dédommager promptement et abondamment de la peine qu'on a pu lui causer. Du reste on ne s'inquiète pas et l'on ne perd pas la confiance.

L'amour ôte aussi à l'espérance ce qu'elle a de trop personnel. Celui qui aime ne sait ce que c'est que de compter avec Dieu, ni de faire des bonnes œuvres principalement afin d'accumuler des mérites ; et par ce noble désintéressement, il mérite incomparablement davantage. Oubliant tout ce qu'il a fait pour Dieu, il ne songe qu'à faire encore plus. Il ne s'appuie pas sur lui-même ; il envisage la récompense céleste moins sous le titre de récompense que comme une assurance d'aimer son Dieu de tout son pouvoir et d'en être aimé durant l'éternité. Sans exclure l'espérance, qui lui est naturelle, il considère le bonheur plus du côté du bon plaisir de son Dieu et de la gloire qui lui en reviendra que du côté de son propre intérêt. Et lorsque l'amour est à son plus haut point de perfection, il serait disposé à sacrifier son bonheur propre à la volonté divine, si elle exigeait de lui ce sacrifice. Il met son bonheur dans l'accomplissement de cette volonté.

Le Sauveur. – Le cœur des saints a atteint même sur la terre ce degré de pureté. C'est la disposition des bienheureux au ciel. Il faut donc que l'amour soit purifié à ce degré en ce monde, ou dans l'autre par les peines du purgatoire. Y a-t-il donc à délibérer sur le choix ? Et quand la voie d'amour n'aurait d'autre avantage que celui de vous exempter du purgatoire ou d'en abréger considérablement la durée, pourriez-vous balancer à l'embrasser ?

II. C'est la voie la plus simple

Servir son Dieu par amour est la voie la plus simple, puisqu'elle réduit tout à un seul motif dominant, où tous les autres sont éminemment, compris. Si vous aimez Dieu, vous le craignez de la crainte qui lui est la plus utile. Si vous l'aimez, vous espérez en ses promesses avec la confiance la plus ferme, et vous vous en assurez l'exécution, autant qu'il est possible de se l'assurer sur la terre. Si vous l'aimez, vous n'avez plus besoin de penser à l'acquisition de chaque vertu en particulier ; l'exercice de l'amour les renferme toutes et les fait pratiquer par son motif, d'une manière plus relevée et plus parfaite que si vous les exerciez chacune pour le motif qui lui est propre.

L'amour vous dispense d'une foule de méthodes et de pratiques, que la plupart des âmes cherchent avec tant d'empressement, qu'elles changent continuellement, s'attachant tantôt à l'une tantôt à l'autre, et qui ne font que les embarrasser, les inquiéter et les retarder dans le chemin de la sainteté.

L'amour n'a qu'une méthode, celle de suivre l'impulsion de la grâce, qui nous porte à aimer. Il n'a qu'une pratique, qui est d'aimer en tout temps, en tout lieu, en toute situation. Il n'a qu'un acte auquel tous les autres se rapportent ; un motif, aimer parce qu'il aime ; une fin, aimer pour aimer.

Quoi de plus simple ? Mais est-il un moyen de perfection que cette simplicité n'embrasse ? En est-il un qu'elle n'emploie excellemment, et dont elle ne tire plus de profit, que si elle s'arrêtait à ce moyen considéré en lui-même ?

Le Sauveur. – La simplicité de la voie d'amour approche l'âme de l'état des bienheureux, qui ne voient leur Dieu que pour l'aimer. Si elle y ajoute l'espérance, c'est qu'elle n'est pas encore comme eux dans la possession de Dieu. Bien plus, cette simplicité approche l'âme de l'état de Dieu même, qui ne se connaît que pour s'aimer et en qui l'amour est le terme des émanations divines.

III. C'est la voie la plus douce et la plus facile

Servir son Dieu par amour est bien la voie la plus douce. Elle vous prend par le cœur et votre cœur est fait pour aimer. Elle mène doucement mais très efficacement votre volonté vers ce que Dieu désire. L'amour met le cœur parfaitement à l'aise, ce que nul autre sentiment ne saurait faire. La crainte gêne ; l'espérance n'est pas sans quelque retour d'inquiétude ; l'amour ne connaît ni les tourments de la crainte, ni les alarmes de l'espérance réduite à elle-même.

L'amour inspire la joie, qui est le second fruit du Saint-Esprit, car la charité est le premier (cf. Ga 5, 22). Et quelle joie ! Une joie pure, une joie intime, inaltérable, une joie qui est l'avant-goût de celle des bienheureux. L'amour maintient l'âme dans la paix, qui est après la joie un fruit du Saint-Esprit. Jamais l'amour ne cause le trouble. Le trouble de l'âme a trois sources : ou la mauvaise conscience, ou l'amour-propre, ou le démon. L'amour tient la conscience dans le meilleur état ; il travaille sans cesse à détruire l'amour-propre ; il méprise les noires suggestions du démon ; il y résiste, il en triomphe. Dieu est la paix même et comme on ne le possède ici-bas que par l'amour, l'amour est aussi l'unique moyen de jouir de la paix.

C'est aussi la voie la plus facile. Certes, s'il est une disposition qui puisse nous faciliter la pratique de la vertu, c'est sans contredit l'amour, qui de sa nature est noble et généreux, à qui rien ne coûte, dès qu'il s'agit de plaire à l'objet aimé, et qui est prêt à tout souffrir plutôt que de lui déplaire.

Si l'amour terrestre lui-même, celui qui a sa source dans la nature ou qu'inspire la passion, rend l'homme capable des plus grands efforts en faveur d'un père ou d'un époux, que ne doit-on pas attendre de l'amour surnaturel, qui a pour objet un être infiniment aimable, qui est allumé dans votre cœur par votre Dieu lui-même, et qui est fortifié par toute la puissance de la grâce ? On fait volontiers ce qu'on aime. L'amour ferme les yeux aux difficultés ; il triomphe des obstacles ; il se jette à travers les dangers ; il sacrifie ses intérêts ; il rend capable de tout et se croit tout possible.

L'époux du Cantique vous le dit : rien n'arrête l'amour, ni les fleuves, ni les torrents, et, s'il faut donner tout son avoir pour l'objet aimé, il compte cela pour rien. (cf. Ct 8, 7)

Marguerite-Marie disait aussi, en présence des sacrifices à faire : « Que crains-tu, ô mon âme ? Tu portes le Cœur de Jésus et son amour ; c'est le trésor, la force, la joie du ciel et de la terre. »

Le Sauveur. – Vous avez aimé jusqu'ici des objets terrestres et vous avez éprouvé qu'en effet l'amour vous faisait faire aisément ce que vous n'auriez pas fait sans lui. Mon amour aurait-il moins de pouvoir sur vous que celui d'une vile créature ? Aurais-je moins d'attraits ? Ai-je moins mérité votre affection ? Trouve-t-on moins de satisfaction à me plaire ? Et, s'il faut regarder à votre propre intérêt, pouvez-vous attendre votre bonheur d'un autre amour que du mien ? Donnez-moi donc votre amour. J'ai soif d'être aimé et c'est pour cela que je suis venu manifester mon Cœur.

AFFECTIONS ET RÉSOLUTIONS

Ô mon bon Maître, que ne vous ai-je aimé plus tôt ! Voici mon cœur, je vous le livre et vous en laisse le maître. Prenez-le, dilatez-le, remplissez-le de votre amour. Encouragé et fortifié par votre amour, je courrai dans la voie de vos commandements. Je me rappellerai souvent le souvenir de vos bienfaits pour entretenir en mon cœur le feu sacré de votre charité.

BOUQUET SPIRITUEL

– *Viam mandatorum cucurri cum dilatasti cor meum.* (Ps. 118)

– *Jam non dicam vos servos. Vos autem dixi amicos.* (S. Joan. XV)

– *Si dederit homo omnem substantiam suam pro dilectione, quasi nihil despiciet eam.* (Cant. VIII)

– J'ai couru dans la voie de vos préceptes quand vous avez dilaté mon cœur. (Ps 118, 32)

– Je ne vous appellerai plus mes serviteurs. Vous êtes mes amis (Jn 15, 15)

– Un homme qui aime sacrifie facilement tout son avoir à son amour (Ct 8, 7)

Troisième méditation

Le désir de Notre-Seigneur :
Je suis venu allumer le feu sur la terre

I. Préparation pour la veille

Lecture du saint Évangile : Lc 12

42. Dixit autem Dominus: Quis, putas, est fidelis dispensator et prudens, quem constituit dominus supra familiam suam, ut det illis in tempore tritici mensuram ? 43. Beatus ille servus, quem cum venerit dominus, invenerit ita facientem. 44. Vere dico vobis, quoniam supra omnia quæ possidet, constituet illum... 49. Ignem veni mittere in terram, et quid volo nisi ut accendatur ? 50. Baptismo habeo baptizari : et quomodo co-arctor usque dum perficiatur ?

42. Le Seigneur dit alors : Qui est, pensez-vous, l'administrateur fidèle et prudent, que le maître a établi sur sa famille, pour qu'il donne à chacun en son temps sa mesure de froment ? 43. Heureux le serviteur que le maître trouvera fidèle quand il viendra. 44. Je vous dis en vérité qu'il l'établira sur tout ce qu'il possède... 49. Je suis venu apporter le feu sur la terre, et qu'est-ce que je veux sinon qu'il s'allume ? 50. Je dois être baptisé d'un baptême : combien je suis oppressé jusqu'à ce qu'il s'achève !

Sommaire. – Ce feu que Jésus est venu apporter sur la terre, c'est l'amour divin. Il est venu vivre et souffrir parmi nous pour que tous l'aimions et pour que nous aimions son Père. C'est l'objet de sa mission.

Nous allons contre ses desseins, nous sommes ses ennemis, si nous ne l'aimons pas et si nous ne le faisons pas aimer.

Mais ce feu ne s'allumera pas, ou du moins ne se maintiendra pas et ne prendra pas d'accroissement dans nos cœurs, si nous ne l'entretenons, si nous ne l'augmentons par notre coopération assidue.

II. Méditation

1. Lecture du saint Évangile

2. Méditation

Le disciple. – Ô mon bon Maître, voici mon cœur, je vous le livre et vous en laisse le maître. Purifiez-le, préparez-le à recevoir votre saint amour. Allumez-y ce feu que vous désirez y voir brûler.

I. Dieu veut que nous l'aimions

Réflexions. – Oui, c'est vraiment pour allumer ce feu de l'amour divin que Notre-Seigneur est venu sur la terre. C'était le but de la sainte Trinité dans la création, c'était aussi son but dans la rédemption. Dieu veut avoir des fils aimants. Il veut trouver des cœurs qui l'aiment, des cœurs qui se donnent à lui. C'est pour cela que Notre-Seigneur s'est fait homme, qu'il a passé par les divers états de sa vie mortelle. Toutes ses paroles, toutes ses actions, toutes ses souffrances avaient ce but, de nous apprendre par ses leçons et ses exemples à aimer son Père, de nous obtenir, de nous mériter et de nous communiquer lui-même cette grâce de l'amour divin. C'est pour cela encore qu'il est venu faire un dernier effort en nous manifestant son Cœur, qui est la source et le foyer de son amour.

Cette grâce de l'amour est le plus grand des bienfaits : elle suppose et renferme toutes les autres.

Le Sauveur. – Avant ma venue tous les hommes adoraient les démons sous l'apparence des fausses divinités et ils croyaient apaiser leur colère capricieuse par des sacrifices. Je suis venu pour vous faire connaître votre créateur et votre Père et pour vous enseigner à l'aimer.

Je suis vraiment le soleil d'amour et je viens avec mes rayons dans les ténèbres de ce monde pour y apporter la lumière et la chaleur. Si vous n'avez pas eu part jusqu'à présent à ce bienfait, si votre âme n'est pas embrasée du feu sacré, ce n'est pas à moi, c'est à vous que vous devez l'imputer.

Je ne veux pas autre chose, sinon que ce feu s'allume dans le cœur des hommes. Comme Dieu, je ne veux pas autre chose, parce que ma gloire et votre bonheur, qui sont les deux fins de mes œuvres sont attachés au règne de cet amour dans vos cœurs et en dépendent comme des effets de leur cause. Comme homme, je n'ai pas non plus d'autre désir, puisque c'est l'unique objet de ma mission, et qu'elle est parfaitement remplie, si je parviens à allumer dans tous les cœurs le feu dont brûlent les habitants du ciel et qu'ils puisent dans le sein même de la divinité, car le ciel est vraiment la région de ce feu.

II. Notre résistance

Mais, si c'est là le but et le désir de Notre-Seigneur, s'il ne veut et ne peut vouloir autre chose que d'embraser vos cœurs de ce feu divin, devez-vous désirer et vouloir autre chose vous-mêmes ?

N'êtes-vous pas ses contradicteurs et ses ennemis, si vous mettez obstacle en vous à ce qui doit assurer sa gloire ?

N'êtes-vous pas ses ennemis si vous vous opposez à son désir le plus ardent et au grand dessein qui l'a appelé sur la terre ? N'êtes-vous pas vos propres ennemis si vous n'ouvrez pas vos cœurs à cette flamme sacrée, qui est la source unique de votre sainteté et de votre bonheur ?

Le Sauveur. – Il faut que vous choisissiez, ou de brûler éternellement du feu de l'amour divin, ou de brûler éternellement du feu de l'enfer. Pouvez-vous hésiter un instant entre le feu de l'amour qui fera votre félicité comme il fait celle de la sainte Trinité elle-même et le feu de l'enfer qui fait le désespoir, la rage et le malheur sans fin des démons et des damnés ?

III. Notre coopération

Ce feu que Notre-Seigneur est venu apporter et qu'il veut allumer, ne s'allumera pas dans votre cœur, ou du moins il ne s'y maintiendra pas et n'y prendra pas d'accroissement, si vous ne voulez vous-même qu'il s'y allume, si vous ne l'entretenez pas, si vous n'alimentez pas son ardeur par votre coopération.

Vous en avez reçu le germe et la première étincelle au baptême. Notre-Seigneur l'a mis en vous par pure bonté. Il vous était impossible de mériter cette grâce, mais Notre-Seigneur vous a chargé de la conserver et de lui fournir sans cesse un aliment. L'avez-vous fait depuis que vous avez l'âge de raison, depuis que vous connaissez le prix de la charité et de la grâce sanctifiante ? Combien de fois avez-vous éteint en vous cette divine charité par le péché mortel ? L'avez-vous au moins rallumée en recevant comme il convient le sacrement de Pénitence ? Si vous l'avez fait, c'est encore un nouveau bienfait que vous devez à la bonté divine.

N'êtes-vous pas bien coupable d'avoir laissé affaiblir cette divine charité par tant de négligence et de lâcheté, par une multitude innombrable de fautes vénielles, dont l'habitude vous exposait à perdre la grâce entièrement et peut-être sans retour ?

N'avez-vous pas encore à vous reprocher de n'avoir pas fait usage ou d'avoir mal usé de tant de moyens de sanctification, de tant de grâces intérieures et extérieures, dont le but était d'accroître en vous le feu de la charité ? Rappelez-vous les mille et mille circonstances de votre vie où Notre-Seigneur a mis à votre disposition un accroissement de grâce dont vous n'avez pas profité : tant de communions, de saintes messes, de prières, de lectures, d'exhortations ; tant de lumières et d'impressions intérieures ; tant de leçons données par les événements providentiels !

Le Sauveur. – Qu'ai-je pu faire que je n'aie pas fait ? Que de fois j'ai voulu vous aider et vous ne l'avez pas voulu !

C'est maintenant le moment de déplorer vos fautes passées et de gémir de votre tiédeur et de votre lâcheté présentes. Vous avez bien vivement blessé mon Cœur. Je frappais à votre porte et vous n'ouvriez pas ; j'appelais et vous ne répondiez aux avances de mon amour par l'indifférence et l'ingratitude, sinon par des offenses positives.

Je demande maintenant votre repentir et la réparation du passé, et je vous offre de nouvelles grâces pour que vous preniez de saintes et fermes résolutions pour l'avenir. C'est dans ce but que vous devez faire ces méditations sur le saint amour. C'est pour apprendre et commencer tout de bon à aimer, c'est pour allumer ce feu que je désire tant voir s'allumer dans votre cœur.

AFFECTIONS ET RÉSOLUTIONS

Ô mon divin Jésus, voici mon cœur, je vous le livre et vous en laisse le maître. Purifiez-le, éclairez-le et préparez-le à recevoir le saint amour. C'est votre désir, c'est aussi le mien. Je ne veux pas chercher les douceurs et les consolations pour elles-mêmes ; mais je voudrais remporter de cette méditation une volonté décidée de consacrer à l'amour de Dieu tous les instants de ma vie, de mettre en œuvres tous les moyens pour l'augmenter en moi et de n'avoir point d'autre but de mes pensées, de mes désirs, de mes actions, de mes souffrances.

BOUQUET SPIRITUEL

– *Ignem veni mittere in terram et quid volo nisi ut accendatur.* (Luc. XII)

– *Ignis autem in altari semper ardebit.* (Lev. VI)

– *Qui non diligit manet in morte.* (S. Joan. III)

– Je suis venu apporter le feu sur la terre et que veux-je sinon qu'il s'allume. (Lc 12, 49)

– Le feu de l'autel devra brûler toujours. (Lv 6, 5)

– Celui qui n'aime pas demeure dans la mort.

(1 Jn 3, 14)

Quatrième méditation

Le précepte de l'amour

I. Préparation pour la veille

Lecture du saint Évangile : Mt 22

34. Pharisæi autem audientes quod silentium imposuisset sadducæis, convenerunt in unum. 35. Et interrogavit eum unus ex eis legis doctor, tentans eum. 36. Magister, quod est mandatum magnum in lege ? 37. Ait illi Jesus : Diliges Dominum Deum tuum ex toto corde tuo, et in tota anima tua, et in tota mente tua. 38. Hoc est maximum et primum mandatum.

34. Les Pharisiens, apprenant qu'il avait imposé silence aux Sadducéens se réunirent. 35. L'un d'eux, un docteur de la loi, interrogea Notre-Seigneur pour le tenter. 36. Maître, quel est le plus grand commandement de la loi ? 37. Jésus lui dit : Tu aimeras le Seigneur ton Dieu de tout ton cœur, de toute ton âme et de tout ton esprit. 38. C'est là le plus grand et le premier commandement.

Sommaire. – Le péché a rendu ce précepte nécessaire pour que nous aimions notre Créateur et notre Père. Il est Notre-Seigneur, notre créateur infini et tout-puissant. Cependant il ne demande pas seulement de nous la crainte, mais aussi l'amour. Il est notre Dieu, notre souverain bien. Nous tenons tout de lui dans l'ordre de la nature, nous avons tout à attendre de lui dans l'ordre de la grâce et de la gloire : c'est donc un devoir aussi juste que doux de l'aimer. Combien est avantageux et pressant cet amour qui élève notre cœur jusqu'à Dieu et qui assure notre salut !

II. Méditation

1. Lecture du saint Évangile

2. Méditation

Le disciple. – Parlez, Seigneur, votre humble serviteur écoute. Nous devrions vous aimer spontanément. Vous êtes notre Dieu et notre tout. Mais puisque notre pauvre nature est détournée du bien par le péché, ordonnez, commandez que nous vous aimions, et ramenez-nous à vos pieds où nous trouverons le bonheur en vous rendant le devoir de notre amour.

I. Ce précepte est devenu nécessaire par suite du péché

Réflexions. – Vous ne deviez pas avoir besoin de ce précepte. Cette inclination était au fond de votre être. Aimer Dieu, c'était le cri de la nature elle-même après la création. Qu'était-il besoin de vous menacer de l'enfer si vous n'aimiez pas votre Dieu, comme si ne pas l'aimer n'était pas une assez grande peine et même la plus grande de toutes !

Oui, mais par le péché votre nature a été détournée de sa propre fin. C'est aujourd'hui, hélas ! une nature dégradée et dévoyée, et ce commandement et ces menaces sont devenus nécessaires. Et ce qui met le comble à votre humiliation, c'est que malgré ce précepte absolu et des menaces terribles, vous ne savez pas encore aimer, vous avez tant de peine à aimer et vous aimez si faiblement votre Dieu, tandis que votre cœur s'attache avec fureur à tant d'objets étrangers à Dieu. Humiliez-vous et vous méditerez avec fruit le précepte que Dieu vous a donné.

Remarquez d'abord ce qu'il a dit, que c'est le premier et le plus grand des préceptes. C'est le premier : il n'y en a pas et il ne peut pas y en avoir avant celui-là ; il est nécessairement à la tête de tous les autres. C'est le plus grand par la majesté de son objet, il s'agit de Dieu ; par la noblesse du sentiment qu'il commande, il s'agit de l'amour ; par l'étendue de sa matière, elle comprend tout et tout s'y rapporte ; par sa fin, qui est la gloire de

Dieu et le bonheur de la créature ; par la rigueur de son obligation, dont rien ne peut dispenser, en aucun temps, en aucun lieu, en aucune circonstance ; par la peine que porte avec soi son effraction, le malheur de l'homme qui le viole.

Le Sauveur. – Oui, c'est un précepte rigoureux, mais c'est mon amour pour vous qui me l'a dicté.

II. C'est un précepte aussi doux qu'il est juste

C'est ton Seigneur et ton Dieu que tu dois aimer. C'est le Seigneur par excellence, le Seigneur unique, à qui ce nom appartient d'une manière incommunicable ; c'est le Seigneur devant lequel les autres seigneurs et maîtres tremblent et reconnaissent qu'ils ne sont que néant, qu'ils tiennent de lui leur autorité, et qu'ils ne doivent en user qu'en son nom, selon ses intentions et pour sa gloire. C'est l'Être suprême, le seul grand, le seul parfait, le seul existant par la nécessité de sa nature, le seul infiniment aimable en lui-même et pour lui-même.

Pauvre et vile créature, la crainte et le respect devraient te tenir anéantie devant lui ; il veut que tu l'aimes, que tu aspires à ses confidences, à sa familiarité la plus intime ; que l'amour te fasse entrer en société de ses immenses richesses, que tu partages avec lui sa gloire et sa félicité.

Il le veut aussi ardemment que si cela était nécessaire à son bonheur. Il s'abaisse jusqu'à toi en te demandant ton amour pour t'élever jusqu'à lui et te consommer dans son unité. Quelle ineffable condescendance ! quelle incomparable faveur !

Il n'agrée pas ta crainte, si elle ne te conduit pas à l'amour ; il n'est pas flatté de ton hommage, si ce n'est pas l'amour qui le dicte.

Il t'a prévenue, et il ne demande ton amour qu'après t'avoir donné des témoignages incompréhensibles du sien.

Tu aimeras le Seigneur ton Dieu. Mais ton Dieu, c'est ton souverain bien, ton unique bien. Il t'a fait pour le posséder, il se donne à toi. Il est à toi, si tu l'aimes, et à proportion que tu l'aimes.

Ton Dieu : dans l'ordre de la nature, il t'a créée, il t'a fait tout ce que tu es. Il te conserve à chaque instant. Sa main puissante qui t'a tirée du néant empêche que tu n'y retombes par ton propre poids. Tu tiens de lui tous les biens dont tu jouis ; tu ne peux attendre que de lui tous ceux que tu espères ; ils sont moins les fruits de ton industrie que de la libéralité et des attentions de la providence divine. Mais qu'est-ce que tout cela au prix de ton Dieu ? L'univers passera et ton Dieu te restera ; et si tu possèdes ton Dieu, tu es plus riche que si tu disposais de la nature entière.

C'est ton Dieu dans l'ordre de la grâce. Il t'avait mise, dans la personne de tes premiers parents, dans un état auquel tu n'aurais pas pu aspirer. Et quand tu fus déchue de cet heureux état par le péché, il t'y a rétablie plus avantageusement en t'adoptant pour son enfant dans la personne de son Fils unique. Il te donne abondamment tous les secours pour arriver à ta fin. Il te pardonne chaque fois que tu reviens à lui après l'avoir offensé et c'est lui qui te sollicite de revenir et qui fait les premiers pas. Quel motif n'as-tu pas d'aimer celui qui, n'ayant aucun besoin de toi, t'a aimée ainsi le premier pour que tu l'aimes à ton tour !

Il veut être encore ton Dieu dans l'ordre de la gloire. Il t'a destinée à l'éternelle possession de lui-même et au partage de sa propre félicité. Il élèvera ton intelligence à la capacité de le voir face à face ; il élargira ton cœur pour que tu puisses y recevoir les torrents d'une volupté pure et infinie.

Le Sauveur. – Voilà celui qui t'ayant aimé de toute éternité et voulant t'aimer encore pendant l'éternité te commande de l'aimer dans le court espace de cette vie, pour obtenir de le voir, de l'aimer et de le posséder à jamais. Trouveras-tu que ce commandement n'est pas doux et facile ? Ne suis-je pas venu encore te manifester mon Cœur pour te rendre le précepte de l'amour plus facile et plus attrayant ?

III. Combien ce précepte est avantageux et pressant

Considère encore combien ce précepte est avantageux et pressant. Cet amour élève et ennoblit ton âme. Ton cœur se perfectionne en s'exerçant sur ce grand objet où il découvre sans cesse des beautés ravissantes. Quelles nobles pensées l'esprit humain va puiser dans la divinité ! Quelle droiture et quelle sagesse on acquiert en s'appliquant à juger des choses selon Dieu ! Combien doit être pur et saint le cœur qui aime celui qui est la pureté et la sainteté par essence ! Quelle paix, quelle joie on trouve dans cet amour ! Quel contraste avec l'âme qui se traîne dans l'amour des créatures terrestres et grossières !

Combien ce précepte est urgent ! Tu es toujours à la porte de l'éternité. Il ne dépend que de Dieu que tu y entres à tout instant. Si tu as son amour dans le cœur, tu es sauvée, si tu ne l'as pas, tu es perdue sans ressource.

Le Sauveur. – Tu ne sais pas si tu es digne d'amour ou de haine, si tu as la grâce sanctificante et la charité dans le degré suffisant, et quel autre moyen de t'en assurer que de consacrer dès à présent ton esprit et ton cœur à l'amour de Dieu ?

Ton degré de gloire et de bonheur dans le ciel répondra au degré d'amour que tu auras eu sur la terre, voudrais-tu comme les tièdes et les lâches n'aspirer qu'aux dernières places, au risque d'être tout à fait exclue ?

Enfin le ciel n'est ouvert qu'à la charité pure. Plus tu en seras éloignée à la mort, plus ta purification sera longue dans les flammes du purgatoire. Quelle folie de ne pas travailler à se soustraire à ces longues et terribles peines !

AFFECTIONS ET RÉSOLUTIONS

Vous êtes mon Dieu, mon trésor et mon tout. Vous m'avez aimé le premier et vous me commandez de vous aimer pour que je trouve dans cet amour mon salut et mon bonheur. Ce commandement a sa source dans votre amour pour moi. Il est aussi doux qu'il est juste. La loi qu'il m'impose fera mon bonheur en cette vie et en l'autre. Je le veux observer en chacune de mes actions.

BOUQUET SPIRITUEL

– *Diliges Dominum Deum tuum ex toto corde tuo.* (Matth. XXII)

– *Hoc est maximum et primum mandatum.* (Ibidem)

– *Et si habuero prophetiam et noverim mysteria omnia et omnem scientiam... caritatem autem non habuero, nihil sum.* (1 Cor. XIII)

– Tu aimeras le Seigneur ton Dieu de tout ton cœur. (Mt 22, 37)

– C'est le plus grand et le premier commandement. (Mt 22, 38)

– Quand j'aurais le don de prophétie et que je posséderais tous les mystères et toutes les sciences, si je n'ai pas la charité, je ne suis rien. (1 Co 13, 2)

Cinquième méditation

Les bienfaits de Dieu

I. Préparation pour la veille

Lecture du saint Évangile : Jn 3

16. Sic enim Deus dilexit mundum ut filium suum unigenitum daret : ut omnis qui credit in eum, non pereat, sed habeat vitam æternam. 17. Non enim misit Deus Filium suum in mundum, ut judicet mundum, sed ut salvetur mundus per ipsum. 18. Qui credit in eum non judicatur : qui autem non credit, jam judicatus est : quia non credit in nomine unigeniti Filii Dei.

16. Dieu a tellement aimé le monde qu'il a donné son Fils unique, pour que tout homme qui croit en lui ne périsse pas mais qu'il ait la vie éternelle. 17. Dieu n'a pas en effet envoyé son Fils dans le monde pour qu'il juge le monde, mais pour qu'il le sauve. 18. Celui qui croit en lui ne sera pas jugé ; mais, celui qui ne croit pas est déjà jugé, parce qu'il ne croit pas au nom du Fils unique de Dieu.

Sommaire – S'il est un moyen capable de faire naître, de nourrir et d'augmenter en nous l'amour de Dieu, c'est sans contredit la méditation de ses bienfaits.

Nous en sommes investis ; ils sont immenses, continuels et sans nombre du côté de la nature : Dieu est notre Créateur, notre Père, notre Providence.

Ils sont incomparablement plus grands du côté de la grâce : Dieu nous a donné son divin Fils et avec lui il nous a donné tous les biens. Il nous a donné l'Église, les sacrements et le ciel avec ses joies éternelles.

II. Méditation

1. Lecture du saint Évangile

2. Méditation

Le disciple. – Parlez-moi, ô mon Sauveur, des bienfaits que je dois à votre Père céleste qui est aussi le mien. Je sais que j'ai vécu dans l'ingratitude, mais je voudrais le comprendre mieux encore pour m'en corriger. Réveillez mon amour qui est trop faible et trop lâche.

I. Le souvenir des bienfaits de Dieu

Réflexions. – Votre plus douce occupation devrait être de vous rappeler sans cesse le souvenir des bienfaits de votre Père céleste, de les méditer, de les approfondir.

C'est une matière inépuisable, elle n'a rien que de consolant et d'attendrissant pour le cœur, elle est à votre portée et ne demande pas une grande contention d'esprit. L'intention de votre Père céleste est que vous y pensiez plus fréquemment qu'à nulle autre chose et que vous ne les perdiez jamais de vue. Il l'a marquée en cent endroits de la sainte Écriture. Il a souvent reproché à Israël d'oublier son Créateur et son Dieu (cf. Dt 32 ; Is 51 ; etc.). Il vous invite à garder ce souvenir : il vous l'ordonne pour sa gloire et pour votre avantage ; il y a attaché des grâces infinies.

Et vous, ingrats et insensés, vous jouissez des bienfaits d'un Dieu créateur, d'un Dieu sauveur, et à peine vous arrive-t-il d'y réfléchir et de lui marquer votre reconnaissance. Vous priez assez pour lui demander, vous ne priez presque jamais pour le remercier et le glorifier.

Serait-ce trop de donner chaque jour une demi-heure, un quart d'heure au moins à méditer les ineffables bienfaits de votre Dieu, à lui rendre des actions de grâce, à exciter en vous les sentiments que mérite sa bonté ? Ne serait-ce pas le meilleur emploi du temps que vous donnez chaque jour à des exercices de piété souvent bien vides ? Ô que vous vous trouveriez bien de cette pratique et que l'amour de Dieu en prendrait de merveilleux accroissements dans votre âme !

Dieu vous demandera compte de l'emploi de votre temps et de vos facultés. Pourquoi, vous dira-t-il, n'avez-vous presque jamais songé à mes bienfaits ? Pourquoi les mystères de la religion n'ont-ils pas toujours été présents à votre esprit ? Pourquoi n'avez-vous pas réfléchi sur tant de grâces personnelles dont votre vie n'était qu'un tissu ?

Les personnes du monde même ont ce devoir. Les richesses ont leurs inconvénients et leurs dangers, mais elles ont aussi leurs avantages par rapport au salut et à la sainteté. Elles procurent plus de liberté de s'occuper des choses de la religion et pour l'ordinaire une éducation qui dispose à les mieux concevoir et à en tirer plus de fruit. Elles permettent de se procurer de bons livres de piété. Ceux qui ont ces avantages seront-ils excusables, s'ils négligent d'entretenir en eux le souvenir des bienfaits de Dieu par des lectures et méditations journalières ; s'ils dépensent tous leurs loisirs aux visites, au jeu, aux spectacles, à des amusements frivoles ; si leurs lectures se bornent aux livres de science profane ou même à des matières puériles et dangereuses ?

Le Sauveur. – Ne vous l'ai-je pas dit, en parlant à la bienheureuse Marguerite-Marie : votre ingratitude a été la cause la plus active des angoisses de mon agonie.

II. La paternité divine

Rappelez-vous les principaux titres de votre Père céleste à votre amour. Et d'abord il est votre Père. Est-il dans la nature un titre qui donne plus de droit à être aimé que celui-là ? Et il l'est d'une manière éminente. Il est le créateur de votre corps et de votre âme et l'auteur de leur union. Vous ne tenez que de lui vos facultés et vos qualités naturelles. Vous ne continuez à chaque instant d'exister que par lui. Il fournit à chaque instant à vos besoins, à vos commodités et même à vos plaisirs ; car vous n'en goûtez aucun, même contre sa volonté que ce ne soit lui qui vous en procure les éléments. Il pourrait vous retirer tout ce qu'il vous a donné, lorsque vous en abusez pour l'offenser.

Il est votre Père à un titre plus excellent encore dans l'ordre surnaturel, en ce qu'il vous a adoptés pour ses enfants. Il est votre Père par grâce, comme il est le Père de Notre-Seigneur par nature. Vous devenez en Jésus l'objet de sa complaisance. Il étend jusqu'à vous la tendresse infinie qu'il a pour lui. Ce bienfait est si grand que les anges en seraient jaloux s'ils pouvaient l'être.

Toutes les conséquences de cette paternité sont autant de motifs pour vous d'aimer Dieu davantage. Vous entrez par l'adoption dans la famille de Dieu. Vous êtes incorporés à cette famille dont Jésus est le premier-né. Vous appartenez à la maison de votre Père non pas en qualité de serviteurs, mais en qualité d'enfants. Jésus ne met point de distinction à cet égard entre vous et lui, comme vous le remarquez dans l'Évangile : « *Mon Dieu et le vôtre ; mon Père et le vôtre.* » (Jn 20, 17)

Le Sauveur. – Oui, vous avez droit à une tendresse spéciale, à des attentions, à des soins de la part de mon Père, qui vous considère comme un autre moi-même, qui vous prodigue son affection et ses caresses, qui vit pour ainsi dire en vous, qui partage vos joies et vos peines, qui ne s'applique qu'à vous rendre heureux et qui y met sa gloire. Dans la parabole de l'enfant prodigue, je vous ai montré les sentiments de tendresse qu'il a même pour les pécheurs.

Vous avez enfin un droit acquis et assuré à l'héritage céleste, si vous ne vous obstinez pas à vous déshériter vous-mêmes. Et cet héritage, c'est la possession de Dieu lui-même. C'est la participation à son bonheur infini et cela pour toute l'éternité, dans la plus parfaite assurance et quiétude. Dans la méditation de ces bienfaits ineffables vous comprendrez toujours mieux l'obligation d'aimer mon Père.

III. Dieu nous a donné son propre Fils pour nous sauver

Il ne s'est pas contenté de vous adopter, il vous a donné son propre Fils. Il l'a envoyé pour vous racheter. Pouvait-il vous faire un plus grand don et vous témoigner un plus grand amour ? Saint Paul l'a compris : « *Celui*, dit-il, *qui n'a pas épargné son propre Fils, mais qui l'a livré pour nous tous, ne nous a-t-il pas tout donné avec lui ?* » (Rm 8, 32) Si on eût laissé à votre disposition la liberté de demander à Dieu tel gage d'amour qu'il vous plairait, auriez-vous jamais songé à celui-là ? Auriez-vous osé le proposer ? Vous ne pouvez qu'avouer votre impuissance à lui rendre l'amour et les actions de grâces qu'il mérite.

Sans doute vous devez tout donner et vous donner vous-mêmes à votre Père céleste, qui vous a donné son Fils unique, mais qu'est-ce que le don de tout ce qui vous appartient et le don de vous-mêmes ? Qu'est-ce que l'amour le plus généreux dont une créature soit capable pour reconnaître dignement le dernier effort de l'amour de Dieu ? Vous vous devez déjà à lui à tant de titres; que pourrez-vous ajouter pour celui-ci, qui surpasse infiniment tous les autres ?

Et dans quelles circonstances vous a-t-il donné son Fils ? Il vous l'a donné lorsque vous étiez ses ennemis, dignes de son éternelle disgrâce et de sa malédiction. Son amour seul l'a sollicité en votre faveur. Saint Paul le remarque : « *Ce qui révèle,* dit-il, *la charité de Dieu à notre égard, c'est que lorsque nous étions encore pécheurs, Jésus Christ est mort pour nous.* » (Rm 5, 8) Et pourquoi vous a-t-il donné son Fils ? Pour vous remettre plus avant que jamais dans ses bonnes grâces ; pour vous rétablir avec avantage dans les droits dont vous étiez déchus ; pour ne plus vous voir que dans ce Fils unique, objet de sa complaisance ; pour étendre jusqu'à vous l'amour infini qu'il a pour lui.

Le Sauveur. – Et comment mon Père vous a-t-il donné son Fils ? En le sacrifiant pour vous ! En l'immolant à sa justice à votre place ; en déchargeant tout le poids de sa vengeance sur ce Fils bien-aimé, afin de vous faire miséricorde, à vous ses ennemis. C'est bien ici le triomphe de l'amour divin !

Désormais, en vue de ce Fils unique, devenu votre rançon et votre frère, mon Père répand sur vous avec profusion toutes les grâces nécessaires à votre sanctification. Ces grâces vous poursuivent partout et mon Père ne se lasse pas. Il vous a attendus après vos fautes ; il vous a pardonné toutes les fois que vous êtes revenus à lui. Lui-même vous tend la main et vous recherche quand vous êtes tombés. Il vous a ouvert une source infinie de miséricorde en permettant que mon Cœur soit percé par la lance. Il vous a enrichis de mes souffrances et de mes expiations. Comment ne l'aimeriez-vous pas ?

AFFECTIONS ET RÉSOLUTIONS

Ô mon Dieu, mon ingratitude est monstrueuse, je le comprends, si je n'aime pas de tout mon cœur et à tous les instants de ma vie, un Père tel que vous, qui me donne droit sur tout ce qu'il a et qui veut m'associer à toute sa gloire, à toute sa félicité. Pardonnez mon ingratitude passée et fortifiez-moi dans votre amour.

BOUQUET SPIRITUEL

– *Sic Deus dilexit mundum ut Filium suum unige-nitum daret.* (Joan. III)

– *Ipse prior dilexit nos et misit Filium suum propitiationem pro peccatis nostris.* (Joan. IV)

– *Qui etiam proprio Filio suo non pepercit sed pro nobis omnibus tradidit illum, quomodo non etiam cum illo omnia nobis donavit ?* (Ad Rom. VIII)

– Dieu a aimé les hommes au point de donner pour eux son Fils unique. (Jn 3, 16)

– Il nous a aimés le premier et il a envoyé son Fils comme victime pour nos péchés. (1 Jn 4, 10)

– S'il n'a pas épargné son propre Fils et l'a livré pour nous tous, comment ne nous aurait-il pas tout donné avec lui ? (Rm 8, 32)

Sixième méditation

Sur l'amour que Notre-Seigneur nous a témoigné en devenant notre frère

I. Préparation pour la veille

Lecture du saint Évangile : Jn 1

1. In principio erat Verbum, et verbum erat apud Deum, et Deus erat Verbum. 2. Hoc erat in principio apud Deum. 3. Omnia per ipsum facta sunt, et sine ipso factum est nihil, quod factum est. 4. In ipso vita erat, et vita erat lux hominum. 5. Et lux in tenebris lucet, et tenebræ eam non comprehenderunt. 6. Fuit homo missus a Deo, cui nomen erat Joannes. 7. Hic venit in testimonium ut testimonium perhiberet de lumine, ut omnes crederent per illum. 8. Non erat ille lux, sed ut testimonium perhiberet de lumine. 9. Erat lux vera, quæ illuminat omnem hominem venientem in hunc mundum. 10. In mundo erat, et mundus per ipsum factus est, et mundus eum non cognovit. 11. In propria venit, et sui eum non receperunt. 12. Quotquot autem receperunt eum, dedit eis potestatem filios Dei fieri, his qui credunt in nomine ejus. 13. Qui non ex sanguinibus, neque ex voluntate viri, sed ex Deo nati sunt. 14. Et Verbum caro factum est et habitavit in nobis : et vidimus gloriam ejus quasi unigeniti a Patre, plenum gratiæ et veritatis.

1. Au commencement était le Verbe ; et le Verbe était avec Dieu, et le Verbe était Dieu. 2. Il était au commencement avec Dieu. 3. Toutes choses

ont été faites par lui ; et rien de ce qui a été fait, n'a été fait sans lui. 4. En lui était la vie, et la vie était la lumière des hommes. 5. Et la lumière luit dans les ténèbres et les ténèbres ne l'ont point comprise. 6. Il y eut un homme envoyé de Dieu, qui s'appelait Jean. 7. Celui-ci vint servir de témoin, pour rendre témoignage à la lumière, afin que tous crussent par lui. 8. Il n'était pas lui-même la lumière, mais il était venu pour rendre témoignage à la lumière. 9. Celui-là était la vraie lumière, qui illumine tout homme venant en ce monde. 10. Il était dans le monde, et le monde a été fait par lui ; et le monde nel'a point connu. 11. Il est venu dans son propre héritage et les siens ne l'ont point reçu. 12. Mais il a donné le pouvoir de devenir enfants de Dieu à tous ceux qui qui l'ont reçu ; à ceux qui croient en son nom. 13. Qui ne sont point nés du sang, ni de la volonté de la chair, ni de la volonté de l'homme, mais de Dieu même. 14. Et le Verbe s'est fait chair et il a habité parmi nous ; et nous avons vu sa gloire, comme du Fils unique du Père, étant plein de grâce et de vérité.

Sommaire. – « Dieu est amour : *Deus charitas est.* » (1 Jn 4, 8) Le Verbe étant Dieu est tout amour. En se faisant homme, il concentre tout son amour dans un cœur humain. Le mystère de l'Incarna-tion est donc le mystère de l'amour divin rendu sensible et palpable.

En aimant l'humanité du Christ, on aime Jésus, on aime Dieu, puisque Jésus est Dieu.

Jésus est toujours Emmanuel, il demeure avec nous, mais plus intimement avec les justes et particulièrement avec ses prêtres.

II. Méditation

1. Lecture du saint Évangile

2. Méditation

Le disciple. – Bon Maître, me voici à vos pieds, parlez, j'ai soif de vous aimer ; dites-moi tout l'amour que vous m'avez témoigné dans le mystère de l'Incarnation.

I. Le mystère de l'Incarnation est le mystère de l'amour divin rendu sensible et palpable

Réflexions. – Le mystère de l'Incarnation est un mystère d'amour. Dieu le Père a donné son Fils aux hommes parce qu'il les aimait : « *Sic Deus dilexit mundum ut Unigenitum suum daret.* » (Jn 3, 16) C'est le mystère d'un Dieu aimant l'homme jusqu'à se faire homme lui-même. En se faisant homme le Fils n'a pu cesser d'être tout amour, car il aurait cessé d'être Dieu. Et parce que le cœur est le noble organe de l'affection des hommes, son Cœur concentre tout son amour. L'amour de son Cœur est tout à la fois un amour divin et un amour humain. C'est l'amour divin humanisé. La fête de l'Annonciation est donc la grande fête de son amour.

Le Sauveur. – En me faisant chair, en revêtant une forme sensible, visible et tangible, j'ai rendu l'amour divin palpable, perceptible aux sens des hommes. Voilà pourquoi la contemplation de mon humanité sainte porte dans les cœurs qui s'y livrent mon divin amour. Ces formes sensibles de mon humanité facilitent aux hommes la production d'actes d'amour envers moi. L'objet de cet amour les divinise. En aimant mon humanité, on m'aime, on aime donc Dieu puisque je suis Dieu.

II. En aimant Jésus on aime Dieu

En aimant ainsi Notre-Seigneur, on rend gloire à son Père, car on aime le prodige qu'ont accompli pour nous l'amour du Père et celui du Fils.

Le Sauveur. – Mon amoureuse condescendance pour vous m'a porté à revêtir les formes périssables et grossières de la chair.

J'ai accepté toutes les faiblesses et toutes les misères de l'enfance. Si je me suis fait petit enfant pour montrer la tendresse de mon amour, fera-t-on trop en s'abaissant jusqu'à ce petit enfant pour contempler les mystères de sa tendresse et lui rendre amour pour amour ?

Lorsque je dis à mon Père : *Ecce venio[1]*, deux amours se fondaient en moi : l'amour pour mon Père et l'amour pour les hommes que j'acceptais pour frères. Ces deux amours sont réunis dans mon Cœur. J'aime les hommes pour la gloire de mon Père et pour leur bonheur à eux. Je veux qu'ils reconnaissent l'amour que je leur ai témoigné en devenant leur frère, en habitant parmi eux.

III. Jésus demeure toujours parmi les hommes

Jésus est toujours l'Emmanuel, parce qu'il est toujours au milieu des hommes ses frères : « *Deliciæ meæ esse cum filiis hominum[2].* » (Pr 8, 31) Il a au milieu d'eux une double vie : la vie humble et cachée des tabernacles et sa vie mystérieuse dans les âmes.

Sans que son corps glorifié quitte les splendeurs du ciel où il fait le bonheur des élus, son humanité n'en est pas moins d'une manière mystérieuse et incompréhensible dans l'Église militante, parce qu'il est indivisible et indécomposable. Ceci aide à comprendre comment il souffre mystérieusement des manques de correspondance à sa grâce, des résistances à l'action de son amour.

---

[1] *- Voici, je viens !*
[2] *- C'est mon délice d'habiter parmi les hommes.*

Sa présence a cependant des degrés différents. Ceux qui ont la vie de sa grâce vivent de sa vie, parce que la grâce leur vient par lui. Dans le prêtre, il est présent plus intimement encore. L'onction sacerdotale le lie au prêtre par un lien d'amour, et il souffre quand au lieu de l'amour qu'il a le droit de trouver, il ne recueille que l'indifférence et la tiédeur. Il souffre plus vivement encore quand le prêtre auquel il s'est attaché par l'amour se donne à son ennemi qui personnifie la haine de sa personne sacrée. C'est pour cela surtout qu'il veut des prêtres qui l'aiment assez pour le dédommager des souffrances que lui causent les mauvais. Il est heureux de jouir du cœur d'un prêtre qui l'aime. Il réserve aux prêtres qui l'aiment des trésors de tendresse. Son Père aussi les aime d'un amour de préférence parce qu'ils partagent son amour pour lui. Il se réjouit de le voir aimé. Demandez donc à Dieu qu'il multiplie les bons prêtres pour la consolation de son divin Fils.

Le Sauveur. – Le prêtre qui m'aime, devient particulièrement mon ami. Comme Prêtre éternel, je suis heureux de m'assimiler, de m'unir, autant que cela est possible, au prêtre aimant.

Cet amour du prêtre pour moi doit grandir jusqu'à ce que je ne trouve plus en lui la moindre résistance à mes désirs, jusqu'à ce que son cœur se consume pour moi. Alors il me remplit lui-même d'amour pour lui, je ne puis rien lui refuser et je l'élève à un haut degré d'union avec moi.

Je voudrais une phalange de prêtres d'élite, animés de cet ardent amour pour que je puisse m'unir tout particulièrement à eux et me dédommager de ce que me font souffrir les mauvais.

AFFECTIONS ET RÉSOLUTIONS

Seigneur Jésus, cette union que vous demandez et qui est si désirable pour nous dépend à la fois de votre grâce et de notre bonne volonté. Votre grâce ne manque pas, mais notre bonne volonté est bien faible. Fortifiez-la, aidez-la, afin que nous fassions chaque action en votre présence et pour votre amour. Votre grâce achèvera l'union que notre bonne volonté aura préparée.

BOUQUET SPIRITUEL

– *Et Verbum caro factum est et habitavit in nobis.* (Joan. I)

– *Vocabunt nomen ejus Emmanuel, nobiscum Deus.* (Matth. I)

– *Non dicam vos servos, sed amicos.* (Joan. XV)

– Et le Verbe s'est fait chair et il a habité parmi nous. (Jn 1, 14)

– On l'appellera Emmanuel, Dieu avec nous. (Mt 1, 23)

– Je ne vous appellerai pas des serviteurs, mais des amis. (Jn 15, 15)

Septième méditation

Sur l'amour que Notre-Seigenur nous a témoigné dans la rédemption, et qui est symbolisé par l'ouverture de son cœur

I. Préparation pour la veille

Lecture du saint Évangile : Jn 10

11. Ego sum pastor bonus. Bonus pastor animam suam dat pro ovibus suis. 12. Mercenarius autem et qui non est pastor, cujus non sunt oves propriæ, videt lupum venientem, et dimittit oves et fugit : et lupus rapit et dispergit oves. 13. Mercenarius auteur fugit, quia mercenarius est, et non pertinet ad eum de ovibus. 14. Ego sum pastor bonus : et cognosco meas et cognoscunt me meæ. 15. Sicut novit me Pater, et ego agnosco Patrem : et animam meam pono pro ovibus meis.

11. Je suis le bon pasteur. Le bon pasteur donne sa vie pour ses brebis. 12. Le mercenaire et celui qui n'est pas le propre pasteur des brebis, celui-là voyant venir le loup, abandonne les brebis et s'enfuit ; et le loup saisit et disperse les brebis. 13. Le mercenaire s'enfuit parce qu'il est mercenaire et que les brebis ne sont pas à lui. 14. Moi, je suis le bon pasteur : je connais mes brebis et mes brebis me connaissent. 15. Comme mon Père

me connaît, je connais mon Père et je donne ma vie pour mes brebis.

Sommaire. – La passion est le chef-d'œuvre de l'amour du Cœur de Jésus. Comme Notre-Seigneur nous l'a dit, personne ne peut montrer plus d'amour que celui qui donne sa vie pour ses amis !

C'est l'amour de Notre-Seigneur pour nous qui a inspiré toute sa passion. Son agonie est particulièrement la passion de son Cœur. Son amour s'y manifeste tout spécialement.

Mais son amour l'a conduit à travers toutes ses souffrances jusqu'à mourir avec joie pour nous.

II. Méditation

1. Lecture du saint Évangile

2. Méditation

Le disciple. – Faites-moi comprendre tout votre amour, ô mon Sauveur, afin que je ne sois plus ingrat. Dites-moi le secret de tant d'abaissements, de larmes et de souffrances. Il me semble que toutes les plaies de votre passion sont autant de bouches qui me disent de vous aimer. Ouvrez-moi votre Cœur afin que j'y lise votre amour.

I. La passion est le chef-d'œuvre de l'amour du Cœur de Jésus

Réflexions. – Il est bien vrai qu'après nous avoir aimés pendant toute sa vie, Notre-Seigneur a manifesté son amour plus sensiblement encore dans sa passion, comme nous le dit saint Jean : « *Cum dilexisset suos, in finem dilexit eos.*[1] » (Jn 13, 1) La passion est l'œuvre capitale de son amour. Il l'avait annoncée par les prophètes. Il voulait venir souffrir pour nous parce qu'il nous aimait. Dans les psaumes, il disait à son Père : « Vous ne voulez plus vous contenter des victimes anciennes pour le péché, je viens m'offrir à leur place. » (Ps 60, 39 ; Ps 40, 7-8)

Dans Isaïe, il annonçait qu'il viendrait lui-même, instrument et victime de la justice divine, fouler le pressoir et rougir ses vêtements comme ceux des vendangeurs ; et par là il indiquait qu'il frapperait sur lui seul pour nous libérer tous de nos péchés (chap. 63).

Ailleurs Isaïe nous rappelle encore que Notre-Seigneur s'offrait à son Père comme victime d'expiation parce qu'il le voulait bien et par amour

---

[1] *- Comme il aimait les siens, il les aima jusqu'au bout.*

pour nous : « *Oblatus est quia ipse voluit[1]*. » (Is 53, 7)

C'est la passion qu'avait en vue le prophète Habacuc quand il s'écriait : « Seigneur, j'ai entendu parler de votre œuvre, de votre œuvre par excellence et j'ai été saisi de stupeur : *Domine, audivi auditionem tuam et timui.* » (Ha 3, 2)

Saint Paul ne cesse d'être dans une extase d'amour en contemplant cet étonnant mystère. Il rappelle aux Romains[2], aux Corinthiens[3], aux Ephésiens[4], comment Notre-Seigneur donne sa vie par amour pour nous, pour expier nos péchés. Il dépeint aux Colossiens Notre-Seigneur prenant sur lui le titre de notre dette et le clouant avec lui à la croix : « *Delens quod adversus nos erat chirographum decreti, affigens illud cruci.* » (Col 2, 14)

Saint Pierre s'écrie : « Le Christ est mort pour nous, le juste pour les coupable ! » (1 P 3, 18) Et saint Jean nous rappelant le motif de la passion nous dit : « Il nous a aimés et il a lavé nos péchés dans son sang : *Dilexit nos et lavit nos a peccatis nostris in sanguine suo.* » (Ap 1, 5)

---

[1] - *Il s'est offert parce que lui-même le voulait.*
[2] Chap. v, 8.
[3] 1 Cor. XV.
[4] Chap. II.

COLLOQUE

Le disciple. – Bon Maître, je commence à comprendre l'intensité de votre amour dans les mystères de votre passion, aidez-moi à la mieux connaître.

Le Sauveur. – Je vous exprimais moi-même toute la générosité et la tendresse de mon Cœur quand je disais à mes disciples : « J'ai ardemment désiré manger cette pâque avec vous » (Lc 22, 15), et encore : « J'ai hâte d'être baptisé du baptême de mon sang pour vous » (Lc 12, 50).

Vous devez donc essayer de pénétrer dans les profondeurs de cet abîme de charité et vous exciter à l'amour de mon Cœur en voyant combien il vous a aimés.

Je suis vraiment, dans les mystères de ma passion, un livre écrit dedans et dehors (cf. Ap 5, 1), et ce qui est écrit ainsi, c'est mon amour. Les fouets, les épines, les clous l'ont écrit en caractères de sang sur ma chair divine, mais ne vous contentez pas de lire et d'admirer cette écriture divine à l'extérieur, pénétrez jusqu'à mon Cœur et vous verrez une merveille plus grande encore, c'est l'amour lui-même, l'amour inépuisable qui compte pour rien tout ce qu'il souffre et qui se donne sans jamais se lasser.

C'est la vocation des âmes vouées à mon Cœur de chercher toujours à découvrir mon amour sous l'écorce de tous mes mystères, mais où peut-on le voir davantage que dans ma passion ? Si on ne l'y voit pas, ou si on ne l'y voit que superficiellement, on retirera peu de profit de ces grands mystères de mes souffrances et on rendra peu de gloire à Dieu.

Ma passion tire toute sa valeur, tout son mérite non pas tant de mes souffrances extérieures que de mon Cœur, de mon amour qui inspirait mon sacrifice.

J'ai voulu endurer ces souffrances extraordinaires afin de mieux vous montrer mon amour et de ne rien épargner pour gagner le vôtre.

Et comme je m'étais engagé envers mon Père à tout souffrir pour vous, c'était le vœu de mon amour que j'accomplissais dans toutes les circonstances de ma passion.

II. L'agonie est particulièrement la passion du Cœur de Jésus

Réflexions. – L'agonie est particulièrement la passion du Cœur de Jésus. Elle est comme la source d'où découlent tous les autres mystères de ses souffrances. Il les a là préparés, acceptés et fécondés dans son Cœur. Il les a contemplés et les a résolus et décidés dans son amour.

Au ciel, c'est dans l'esprit d'amour qu'il s'était offert à son Père. À l'agonie, c'est dans son Cœur qu'il accepte sa passion pour l'amour de nous. C'est à cette suprême générosité et à cette tendresse extrême de son Cœur que saint Paul se reporte quand il dit que Notre-Seigneur a pris la croix avec joie : « *Proposito sibi gaudio sustinuit crucem, confusione contempta.* » (He 12, 2).

Le Sauveur. – Ce que j'ai pleuré davantage là, c'est votre manque d'amour et votre ingratitude. La perspective des souffrances à endurer m'était sensible certainement, mais j'avais facilement le courage de les affronter. Ce qui me coûtait le plus, et ce qui poussait ma douleur à l'extrême, c'était la vue de votre ingratitude envers mon Père et envers moi, et surtout de celle des âmes choisies qui forment mon peuple de prédilection. Oui, pensais-je, je compterais pour rien les fouets, la couronne d'épines, les opprobres et la croix, j'endurerais mille autres tourments si je le pouvais pour gagner le cœur des hommes, et je vois qu'ils me paieront d'ingratitude. Je ne puis pas même compter sur mes amis : il y aura des Judas, des apostats, des traîtres parmi les ministres des autels ; il y aura bien des âmes tièdes qui me paieront d'ingratitude. Et c'est là ce qui m'était le plus douloureux. Il fallut toute l'immensité de mon amour pour me donner la force d'accepter ce calice et de le boire jusqu'à la lie.

III. Son amour l'a conduit à travers toutes ses souffrances jusqu'à mourir avec joie pour nous

Réflexions. – Nous pouvons suivre aussi les manifestations de son amour dans les opprobres qu'il a voulu subir, dans ses souffrances extérieures et dans sa mort.

Il ne voyait dans ces outrages que l'expiation de notre orgueil. Ses humiliations nous rachetaient et nous sauvaient, c'est pour cela qu'il les aimait.

Le Sauveur. – Oui, j'aimais les fouets qui guérissaient votre immortification, vos impuretés, votre recherche des jouissances mondaines et des plaisirs mauvais.

J'aimais ma couronne d'épines, mes clous et ma croix, qui payaient la rançon de toutes vos pensées et de toutes vos actions coupables.

Ah! il m'en coûtait bien de voir ma Mère si accablée de douleurs. Il m'en coûtait bien d'être abandonné par mon Père et comme maudit par lui. Mais c'était pour vous, pour votre salut. J'avais soif d'achever mon sacrifice et j'avais soif de votre amour.

Ne me refusez pas cet amour de reconnaissance, cet amour réciproque. Qu'aurais-je pu faire de plus pour gagner vos cœurs ?

J'ai voulu par l'ouverture de mon côté vous livrer le secret de ma passion et vous en révéler la source. C'est mon amour pour vous, c'est mon Cœur qui m'a conduit au Calvaire. Ne me refusez pas votre amour.

RÉSOLUTIONS

Je serais bien insensé et bien ingrat, ô mon bon Maître, si je vous refusais mon cœur après que vous vous êtes donné tout entier pour moi en victime d'expiation et d'amour. Prenez mon cœur, embrasez-le et fixez-le dans votre amour. Je suis faible et inconstant, mais je désire vous aimer et je vous promets de penser chaque jour à votre passion pour ranimer mon amour.

BOUQUET SPIRITUEL

– *Dilexit nos et lavit nos a peccatis nostris in sanguine suo.* (Apoc. I, 5)

– *Commendat autem caritatem suam Deus in nobis quoniam cum adhuc peccatores essemus Christus pro nobis mortuus est.* (Ad Rom. V, 8)

– *Baptismo habeo baptizari et quomodo coarctor usquedum perficiatur.* (Luc. XII, 50)

– Il nous a aimés et il nous a purifiés de nos péchés dans son sang. (Ap 1, 5)

– Dieu manifeste son amour pour nous quand le Christ meurt pour nos péchés. (Rm 5, 8)

– Je dois être baptisé d'un baptême (de sang) et je suis oppressé du désir d'y arriver. (Lc 12, 50)

Huitième méditation

Sur l'amour que Notre-Seigneur nous témoigne dans l'Eucharistie

I. Préparation pour la veille

Lecture du saint Évangile : Jn 6

48. Ego sum panis vitæ. 49. Patres vestri manducaverunt manna in deserto et mortui sunt. 50. Hic est panis de cælo descendens : ut si quis ex ipso manducaverit non moriatur. 51. Ego sum panis vivus qui de cælo descendi. 52. Si quis manducaverit ex hoc pane, vivet in æternum : et panis quem ego dabo, caro mea est pro mundi vita.

48. Je suis le pain de vie. 49. Vos pères ont mangé la manne au désert et sont morts. 50. Ici est le pain descendant du ciel, et si quelqu'un en mange, il ne mourra pas. 51. Je suis le pain vivant descendu du ciel. 52. Si quelqu'un mange de ce pain, il vivra éternellement : et le pain que je donnerai, c'est ma chair pour la vie du monde.

Sommaire. – Tous les sacrements sont des dons infiniment précieux de l'amour de Notre-Seigneur, mais particulièrement l'Eucharistie. Celui-là est vraiment le sacrement d'amour.

C'est par amour pour nous que Notre-Seigneur, a voulu reproduire sur nos autels le sacrifice du Calvaire.

C'est par amour pour nous qu'il nous autorise à participer au sacrifice en mangeant sa chair et en buvant son sang dans la sainte communion. C'est encore par amour pour nous qu'il demeure dans nos tabernacles pour être le compagnon et le consolateur de notre exil, notre confident, notre ami et notre bienfaiteur infatigable.

II. Méditation

1. Lecture du saint Évangile

2. Méditation

Le disciple. – Je sais, ô mon bon Maître, que l'Eucharistie est le sacrement de votre amour. Vous avez voulu nous laisser une victime d'un prix infini et demeurer avec nous comme un ami. Redites-le-moi pour ranimer mon cœur toujours attiédi.

I. Le sacrifice de l'autel

Réflexions. – Tous les sacrements sont des dons merveilleux de l'amour de Notre-Seigneur, mais l'Eucharistie, qui est à la fois sacrifice et sacrement, surpasse de beaucoup les autres. Dans ceux-ci, il nous donne sa grâce ; dans l'Eucharistie, il se donne lui-même pour nous. Aussi saint Jean a eu raison de dire à propos de la sainte cène qu'ayant toujours aimé ses disciples, Notre-Seigneur leur a montré encore un plus grand amour dans ce moment suprême : « *Cum dilexisset suos, in finem dilexit eos*[1]. » (Jn 13, 1)

Et Jésus pouvait dire à ses apôtres après la cène : « Comme mon Père m'a aimé, je vous ai aimés aussi. » Il ajoutait : « Demeurez dans mon amour. » (Jn 15, 9)

Il a voulu demeurer avec nous. Il a voulu nous rendre, autant que c'était possible, le beau privilège qu'avait Adam de converser avec Dieu. Nous ne pouvons plus communiquer directement avec notre Père céleste, notre nature affaiblie ne pourrait pas le supporter sans mourir. Il fallait un intermédiaire entre le fils coupable et le père miséricordieux, Notre-Seigneur s'est fait cet intermédiaire par sa nature humaine. Il est intervenu comme rédempteur et comme rançon, il demeure comme prêtre et victime, comme aliment, comme ami, comme défenseur.

---

[1] - *Comme il les aimait, il les aimé jusqu'à la fin.*

COLLOQUE

Le disciple. – Ô mon bon Maître, comme votre présence à l'autel nous est douce et précieuse !

Le Sauveur. – Je suis là à l'autel et je m'offre pour vous comme je m'offrais au Calvaire, quoique d'une manière non sanglante. Je suis là comme le véritable agneau de Dieu, victime de propitiation pour vos péchés et d'impétration pour toutes les grâces dont vous avez besoin. J'adore mon Père en votre nom, je lui rends grâce pour vous, j'intercède pour vous et j'offre les souffrances de ma passion pour vos péchés.

Je suis là avec mon Cœur. Mon corps est impassible sous le voile des saintes espèces, mais mon âme n'est pas insensible. Je suis là vivant, de ma vie divine et de ma vie humaine. Sans perdre les joies de la vision béatifique, j'éprouve des sentiments très divers. À la même heure, bien des prêtres célèbrent le saint sacrifice de la messe. Je suis présent entre les mains de chacun d'eux. Auprès des uns j'éprouve dans mon Cœur de grandes consolations. Auprès de plusieurs je souffre de grandes peines. Dans les mains des prêtres sacrilèges, je reçois d'indignes outrages. J'ai voulu m'exposer à cela en me mettant à votre disposition comme victime de vos sacrifices. C'est un profond mystère d'amour.

II. La sainte communion

Réflexions. – Non seulement Notre-Seigneur s'offre comme victime, mais il se donne à nous dans la sainte communion. Nous avons part à la victime de l'autel. Nous mangeons son corps et buvons son sang. Il est notre pain de vie.

Sans quitter le ciel, où il jouit dans la gloire de la possession de son Père, il est présent et totalement présent dans chaque pain eucharistique. Son corps est là impassible, l'altération des saintes espèces ne peut l'atteindre. Mais son âme n'est pas inerte, elle n'est pas dépourvue de sensibilité. Il fait ses délices d'être avec les enfants des hommes. Il se plaît être leur Emmanuel. Après avoir accompli la rédemption, il aurait pu ne pas vivre d'autre vie que sa vie de gloire dans le ciel. Mais son amour pour les hommes est si grand, si tendre et si passionné qu'il a voulu rester avec eux et se donner à eux tout en jouissant de son Père.

Le disciple. – Ô mon Sauveur, que votre bonté est grande !

Le Sauveur. – Au ciel, je vis pour glorifier mon Père et faire la joie de mes saints. Dans l'Eucharistie, je jouis encore de mon Père, mais je vis aussi pour mes frères qui sont dans la voie d'épreuve, j'intercède pour eux et je me communique à leurs âmes. Je veux vivre, demeurer, habiter au milieu des hommes, je me donne à eux en nourriture, je viens leur demander de causer avec moi comme avec le meilleur de leurs amis, mais hélas! on affecte de ne pas me comprendre. On me ferme son cœur. On trouve l'affection pour moi indigne d'un homme qui se respecte. On oublie que si je me suis mis dans cet état humiliant, c'est parce que j'aime, c'est parce que je fais toutes les folies de l'amour pour ceux mêmes qui me méconnaissent et sont ingrats.

Je suis là sur chaque autel comme si je n'étais pas ailleurs. Je suis dans chaque communiant comme s'il était seul au monde à me recevoir. Je suis dans des milliers d'âmes qui me reçoivent au même instant et je suis dans chacune d'elles comme si je ne vivais que pour elle. Je vis dans chacun de ces mille communiants comme s'il y avait mille Jésus éprouvant des impressions de joie, de consolation ou de peine suivant la façon dont je suis reçu. Mais toujours je suis bienfaisant, bon, patient, prêt à pardonner au pécheur repentant et à combler de grâces l'âme de bonne volonté.

III. La sainte présence de Jésus au tabernacle

Non seulement Notre-Seigneur vient sur l'autel pour s'immoler et se donner en aliment à ceux qui communient au sacrifice, mais il a voulu demeurer habituellement avec nous dans nos tabernacles. Il est là comme notre roi, mais surtout comme un bienfaiteur, un frère et un ami. Le tabernacle est son trône de grâces et de miséricorde. C'est aussi comme le cabinet d'un ami et d'un consolateur.

Il est à la fois dans des milliers de tabernacles et il est tout entier dans chacun d'eux. Il y vit dans son Cœur une vie différente selon les consolations qu'on lui donne ou les outrages qu'on lui inflige.

Pour comprendre cela, transportons-nous en esprit dans une chapelle où il est exposé et adoré, entouré d'une cour d'âmes pieuses qui viennent, les unes lui faire une garde d'honneur comme des soldats à leur empereur, les autres le prier pour leurs besoins, d'autres lui offrir un dédommagement pour les outrages qu'il reçoit ; d'autres encore, plus tendres et plus aimantes, épancher leurs cœurs dans le sien. Il éprouve une consolation véritable. Son Cœur est ému. Il regarde ces âmes avec complaisance ; il intercède pour elles avec un grand amour auprès de son Père ; souvent il se plaît à y déposer une de ces douces impressions qui font tressaillir une âme humaine et sont comme un avant-goût des joies du ciel. Il ne marchande jamais ses grâces à qui ne marchande pas son amour. Son Cœur éprouve des sentiments de véritable reconnaissance. Il est sensible à ces marques d'adoration, de confiance et d'affection.

Si maintenant vous passez dans une église déserte où il est seul et oublié des hommes dans le tabernacle, pensez-vous qu'il puisse éprouver les mêmes consolations ? Il est là intercédant pour la paroisse qui l'oublie. Les adorations de la cour céleste qui l'entourent sont bien une gloire pour lui, mais elles ne tiennent pas lieu des marques d'affection et d'amour qu'il est venu demander aux hommes. Leur ingratitude ne l'empêche pas d'intercéder pour eux parce qu'il les aime quand même, mais son Cœur en éprouve une peine et cette peine est souvent bien cruelle.

Ailleurs même il est l'objet de profanations et d'insultes. Malgré tout cela, il a voulu demeurer avec nous, pour nous donner la plus grande marque de son amour et pour nous demander le nôtre.

Le disciple. – Que ferons-nous, bon Maître, pour vous consoler ?

Le Sauveur. – Les honneurs rendus au sacrement de l'autel, les communions des âmes ferventes sont pour mon Cœur un grand dédommagement.

Je me plais à répandre mes bénédictions sur les âmes qui me visitent avec amour, sur les communautés ferventes où l'on pense à moi, où l'on vient causer avec moi à travers les portes du tabernacle ou devant les voiles du pain sacré exposé aux regards. J'oublie au milieu de ces âmes aimantes toutes les peines que j'éprouve dans les tabernacles où on me délaisse.

AFFECTIONS ET RÉSOLUTIONS

Je comprends mieux maintenant, ô mon bon Maître, tout l'amour que vous me témoignez dans le sacrement de l'Eucharistie, et je suis confus et désolé de n'y avoir pas mieux répondu jusqu'à présent. Pardonnez-moi. Réchauffez mon cœur et allumez-y l'incendie de votre amour.

BOUQUET SPIRITUEL

– *Deliciæ meæ esse cum filiis hominum.* (Prov. VIII)

– *Ego sum panis vivus qui de cœlo descendi.* (Joan. VI)

– *Non relinquam vos orphanos, veniam ad vos.* (Joan. XIV)

– Je fais mes délices d'habiter avec les enfants des hommes. (Pr 8, 31)

– Je suis le pain vivant descendu du ciel. (Jn 6, 51)

– Je ne vous laisserai pas orphelins, je viendrai à vous. (Jn 14, 1)

Neuvième méditation

Sur l'amour que Notre-Seigneur nous témoigne dans les autres sacrements

I. Préparation pour la veille

Lecture du saint Évangile : Jn 20

19. Cum ergo sero esset die illa, una sabbatorum, et fores essent clausæ, ubi erant discipuli congregati propter metum judæorum ; venit Jesus et stetit in medio, et dixit eis : Pax vobis. 20. Et cum hoc dixisset, ostendit eis manus et latus. Gavisi sunt ergo discipuli, viso Domino. 21. Dixit ergo eis iterum : Pax vobis. Sicut misit me Pater, et ego mitto vos. 22. Hæc cum dixisset, insufflavit, et dixit eis : Accipite Spiritum sanctum. 23. Quorum remiseritis peccata, remittuntur eis et quorum retinueritis, retenta sunt.

19. Le soir du même jour, qui était le premier de la semaine, les portes de la maison où les disciples étaient réunis dans la crainte des juifs étant fermées, Jésus vint et se trouva au milieu d'eux et leur dit : La paix soit avec vous. 20. Et après avoir dit ces paroles, il leur montra ses mains et son côté. Les disciples eurent donc une joie extrême de voir le Seigneur. 21. Alors il leur dit une seconde fois : La paix soit avec vous ! Comme mon Père m'a envoyé, je vous envoie

(pour le salut des hommes). 22. Ayant dit ces mots, il souffla sur eux et leur dit : Recevez le Saint Esprit. 23. Les péchés seront remis à ceux à qui vous les remettrez, et ils seront retenus à ceux à qui vous les retiendrez.

Sommaire. – Les sacrements sont le don du Cœur de Jésus. En permettant que son Cœur fût ouvert et qu'il en sortît du sang et de l'eau, il a voulu nous montrer que son Cœur est la source des sacrements symbolisés par ce sang et cette eau.

Quels dons précieux nous avons soit dans les sacrements qui nous donnent la vie spirituelle, soit dans ceux qui la développent !

II. Méditation

1. Lecture du saint Évangile

2. Méditation

Le disciple. – Bon Maître, montrez-moi le don de votre amour dans les sacrements. J'ai besoin de vous aimer, je ne trouve pas ailleurs de joie véritable ; aidez-moi en me montrant l'amour que je vous dois.

I. Les sacrements sont le don du Cœur de Jésus

Réflexions. – Les sacrements sont le don du Cœur de Jésus. Nous l'avons vu déjà pour l'Eucharistie.

L'Église et ses trésors étaient symbolisés par l'eau et le sang qui sortirent du côté de Jésus au Calvaire. C'est ainsi qu'Ève, figure de l'Église, était sortie du côté d'Adam. L'eau et le sang représentaient le baptême et l'Eucharistie, qui sont les principaux parmi les sacrements.

Quand Notre-Seigneur institua la pénitence après sa résurrection, il montra à ses apôtres la plaie de son côté qui était la source des meilleurs grâces. C'est alors qu'il leur dit, pendant qu'ils manifestaient leur joie et leur reconnaissance : « Recevez le Saint-Esprit, les péchés seront remis à ceux à qui vous les remettrez et ils seront retenus à ceux à qui vous les retiendrez. » (Jn 20, 23)

C'est dans ces jours où tous les abîmes de son amour étaient ouverts qu'il organisa le royaume de Dieu avec les sept sources de grâce qui donnent la vie spirituelle ou qui la développent. Et voyez comme ces dons répondent aux besoins de vos âmes : le baptême vous fait enfants de Dieu et vous introduit dans la vie surnaturelle ; la confirmation vous fortifie pour le combat ; l'Eucharistie nourrit votre âme de l'aliment le plus fortifiant et le plus suave ; la pénitence vous rend la vie quand vous l'avez perdue, elle vous guérit de toutes vos plaies ; l'extrême-onction vient achever de solder vos dettes au moment où vous allez rendre vos comptes au jugement suprême ; le mariage bénit les familles et pourvoit à la propagation de la vie chrétienne ; l'Ordre enfin vous donne des pasteurs, comme d'autres Jésus qui vous guident dans la vie et qui sont les instruments des grâces divines.

Le disciple. – Je reconnais, Seigneur, vos desseins admirables pour ma sanctification.

Le Sauveur. – Pouvais-je mieux pourvoir à tous vos besoins et devancer tous vos désirs ? Qu'aurais-je pu faire de plus pour vous témoigner toute ma sollicitude et tout mon amour ?

II. Quels dons précieux surtout sont les sacrements qui donnent la vie spirituelle !

Réflexions. – Rappelez-vous par exemple les grâces du baptême. Avant de le recevoir, vous étiez la proie des démons. Les exorcismes ont comprimé leurs forces et l'eau salutaire les a chassés. Vous étiez les ennemis de Dieu, vous êtes devenus ses enfants bien-aimés. Le baptême est une véritable adoption. – Vous êtes devenus aussi les enfants de l'Église, vous êtes entrés en participation de tous ses biens, de ses joies, de ses fêtes, de ses trésors. Vous avez été admis à participer à la communion des saints. – Vous avez reçu le don incomparable de la grâce sanctifiante, qui vous a régénérés en vous rachetant du péché originel, des péchés actuels si vous en aviez et de toutes les peines dues aux péchés passés. – Vous avez reçu un caractère sacré qui est un titre pour obtenir des grâces incessantes, si vous y correspondez.

Notre-Seigneur vous a donné un cœur nouveau et un esprit nouveau. Vos inclinations mauvaises ont été diminuées et vous êtes devenus dociles à la grâce et accessibles au bien. Vous êtes passés des ténèbres à la lumière : « *Eratis aliquando tenebræ, nunc autem lux in Domino.*[1] » (Ep 5, 8) Que de grâces accumulées et combien vous devez être reconnaissants ! L'événement figuratif du baptême dans l'Ancien Testament vous dit aussi le prix du baptême : c'est le passage de la Mer Rouge, c'est la sortie de l'Égypte, la délivrance de la servitude et de la corruption.

Quel grand don c'est aussi que celui du sacrement de pénitence ! Que seriez-vous devenu si vous n'aviez plus eu aucun recours après les péchés commis depuis le baptême ? Le pauvre naufragé trouve parfois sur la mer une planche de salut. La pénitence est cette planche de salut qui est toujours à votre portée dans le naufrage.

Par ce sacrement, la grâce habituelle vous est rendue si vous l'aviez perdue et des grâces sacramentelles y sont ajoutées. Tous vos péchés vous sont remis. La peine éternelle qui vous était due vous est pardonnée, les expiations temporelles à

---

[1] - *Jadis vous étiez ténèbres, mais maintenant vous êtes lumière dans le Seigneur.*

subir sont diminuées. Toutes vos bonnes œuvres effacées par vos péchés revivent. Dieu disait à son peuple par le prophète Joël : « Faites pénitence et je vous rendrai les fruits des années que vous ont fait perdre la sauterelle, le ver, la nielle et la chenille. » (Jl 2, 25) – Vos mérites oubliés revivront aussi avec tous les droits qu'ils vous donnent aux récompenses célestes : « *Impietas impii non nocebit ei, in quacumque die conversus fuerit.*[1] » (Ez 33, 12)

Le disciple. – Comment pourrai-je, Seigneur, vous remercier de tant de bienfaits ?

Le Sauveur. – Je pensais à vos péchés quand je guérissais le paralytique de Capharnaüm (cf. Mc 2, 3). La pénitence ranime vos facultés paralysées pour le bien. Je pensais à vous aussi quand je guérissais les le preux que j'envoyai aux prêtres pour qu'on prît acte du miracle ; et vous, je vous envoie aux prêtres pour qu'ils opèrent en mon nom la guérison de la lèpre hideuse de vos péchés.

Vous m'étiez présents aussi quand je ressuscitais Lazare (cf. Jn 11). Il était mort physiquement comme les âmes pécheresses sont mortes spirituellement. Je lui ordonnai de sortir du tombeau, mais je laissai aux apôtres le soin de le délier de ses linceuls. Ainsi je vous ressuscite dans la pénitence, quand le prêtre vous délie de vos péchés. Par ces symboles et figures vous pouvez

---

[1] - *La méchanceté du méchant ne le fera pas succomber au jour il se convertira de sa méchanceté.*

mieux comprendre la grandeur du bienfait de la pénitence et la miséricorde de mon Cœur ; et j'attends en retour votre reconnaissance filiale.

III. Les sacrements qui développent la vie spirituelle sont aussi un don précieux

Il y a encore la confirmation, l'extrême-onction, l'Ordre et le mariage.

Les effets de la confirmation ont été symbolisés par une langue de feu. Tous les dons du Saint-Esprit sont lumière pour l'intelligence et chaleur pour le cœur. Le Saint-Esprit habite plus intimement le cœur des confirmés, il les marque du signe des chevaliers du Christ, il les fortifie pour le combat, il est l'organe et l'instrument de l'action du Sauveur. C'est par lui que le divin Cœur de Jésus vit en vous.

L'extrême-onction efface à la fin de votre vie les péchés qui peuvent rester en vos âmes, elle affaiblit les fâcheuses influences de la concupiscence, elle met vos âmes dans la paix et souvent aussi elle allège vos souffrances.

L'Ordre vous donne des pontifes, des prêtres. Il perpétue l'Église de qui vous recevez tant de bienfaits. C'est la source même de toutes les grâces qui vous viennent par la prédication apostolique, par le sacrifice eucharistique et par les sacrements. C'est par ses prêtres que l'Église remplit auprès de vous ses fonctions maternelles. Ce sont d'autres Jésus Christ, qu'il a laissés auprès de vous, pour vous instruire, vous guider, vous consoler et distribuer ses grâces quotidiennement.

Le sacrement de mariage est aussi la source de grandes grâces. Il sanctifie la famille. Il en scelle l'unité et l'indissolubilité. Il donne les grâces sacramentelles pour la vie commune, pour l'éducation des enfants. Il donne aux sociétés vraiment chrétiennes cette physionomie de paix véritable, d'union et d'affection au foyer, de respect et d'obéissance dans la famille qui est un spectacle agréable aux yeux des anges.

Le Sauveur. – Que pouvais-je faire de plus pour vous montrer ma sollicitude incessante ? Ne voyez-vous pas comment je suis avec vous tous les jours, comme un ami dévoué est auprès de ses amis ?

AFFECTIONS ET RÉSOLUTIONS

Merci encore, ô mon bon Maître, je retrouve la marque de votre infinie bonté dans l'institution des sacrements. Vous avez pourvu à tous les besoins de notre vie spirituelle. Que nous sommes ingrats de ne pas mieux vous en remercier ! Que nous sommes insensés de ne pas mieux en profiter !

BOUQUET SPIRITUEL

– Ostendit eis manus et latus. (Joan. XX)

– Unus militum lancea latus ejus aperuit et continuo exivit sanguis et aqua. (Joan. XIX)

– Omnes sitientes venite ad aquas ; venite, emite absque argento vinum et lac. (Is. LV)

– Il leur montra ses mains et son côté ouvert. (Jn 20, 20)

– Un des soldats ouvrit son côté avec une lance et il en sortit de l'eau et du sang. (Jn 19, 34)

– Vous qui avez soif, venez aux sources; venez, achetez gratis le vin et le lait. (Is 55, 1)

Dixième méditation

Amour de préférence, de complaisance, de bienveillance

I. Préparation pour la veille

Lecture du saint Évangile : Mc 12

29. Jesus autem respondit ei : Quia primum omnium mandatum est : Audi, Israël, Dominus Deus tuus, Deus unus est. 30. Et diliges Dominum Deum tuum ex toto corde tuo, et ex tota anima tua, et ex tota mente tua, et ex tota virtute tua... 32. Et ait illi scriba : Bene, Magister, in veritate dixisti, quia unus est Deus, et non est alius præter eum. 33. Et ut diligatur ex toto corde, et ex toto intellectu, et ex tota anima, et ex tota fortitudine... 34. Jesus autem videns quod sapienter respondisset, dixit illi : Non es longe a regno Dei.

29. Jésus répondit : Voici le premier commandement : Écoute, Israël, ton Dieu est le seul Dieu. 30. Et tu aimeras le Seigneur ton Dieu de tout ton cœur, et de toute ton âme, et de tout ton esprit et de toutes tes forces. 32. Et le scribe lui dit : C'est bien, Maître, vous avez dit la vérité, qu'il n'y a qu'un Dieu et qu'il n'y en a point d'autre. 33. Et qu'il faut l'aimer de tout son cœur, et de toute son intelligence, et de toute son âme, et de toute sa force... 34. Jésus voyant qu'il avait répondu

sagement, lui dit : Tu n'es pas loin du règne de Dieu.

Sommaire. – *Tu aimeras,* mais de quel amour ? D'un amour de préférence à tout autre objet ; d'un amour de complaisance pour les perfections divines ; d'un amour de bienveillance ; d'un amour effectif et persévérant.

Tu aimeras de tout ton cœur.

Tu aimeras de tout ton esprit.

Tu aimeras de toutes tes forces.

II. Méditation

1. Lecture du saint Évangile

2. Méditation

Le disciple. – Je sens, ô mon bon Maître, que je ne vous ai pas aimé jusqu'ici comme je le dois. Je n'ai pas assez médité sur le précepte de l'amour et son étendue, éclairez-moi, aidez-moi, afin que je comprenne comment je dois vous aimer et que je vous aime comme je le dois.

I. Amour de préférence, de complaisance et de bienveillance

Réflexions. – Tu aimeras ton Dieu d'un amour de préférence à tout autre objet et à toi-même. Ton affection pour Dieu devrait surpasser toute autre affection autant que Dieu est lui-même au-dessus de tous les êtres. Tu seras disposé dans l'occasion à lui sacrifier tout, même ta propre vie, plutôt que de l'offenser. Tu craindras par-dessus tout de lui déplaire, et tu regarderas le péché le plus léger comme un mal infiniment plus grand que tous les maux d'un autre genre. Tu seras jaloux de son amitié plus que de celle de quelque créature que ce soit. Non seulement sa volonté absolue, mais son bon plaisir sera ta loi et ta règle.

Tu aimeras ton Dieu d'un amour de complaisance, en contemplant avec joie ses perfections infinies, en les admirant, en t'estimant heureux d'appartenir à un être si parfait, de dépendre de lui ; tu seras plus glorieux de cette dépendance que si tu jouissais de l'empire de l'univers.

Tu aimeras ton Dieu d'un amour de bienveillance, et, ne pouvant lui souhaiter par rapport à sa nature aucun bien qu'il ne possède éminemment, tu souhaiteras que les créatures lui rendent toute la gloire qu'il demande et qu'il attend d'elles. Tu procureras son honneur par tous les moyens qui sont en ton pouvoir, du moins par tes vœux et tes prières.

Le disciple. – Bon Maître, je n'avais pas encore compris le grand commandement de l'amour divin.

Le Sauveur. – Oui, le commandement de mon Père demande tout cela et plus encore. Non seulement tu dois aimer ton Dieu, mais tu dois désirer ardemment que tous les hommes le connaissent, l'aiment, l'adorent, lui obéissent. Tu dois t'affliger jusqu'au fond du cœur à la vue des crimes qui inondent l'univers. Ton zèle, comme celui de David, *te dessèchera,* te fera tomber en une sainte défaillance au sujet des pécheurs qui abandonnent la loi de Dieu.

II. Tu aimeras Dieu de tout ton cœur

Réflexions. – Tu aimeras Dieu de tout ton cœur. Dieu peut-il être aimé autrement que de tout le cœur ? Est-ce trop qu'un cœur fini pour aimer une beauté infinie ? Si tu l'aimes moins que de tout ton cœur, peut-il être content ? Hélas ! en l'aimant de toute la capacité de ce pauvre cœur, tu ne l'aimeras que bien au-dessous de ce qu'il mérite.

Tu n'aimerais pas Dieu de tout ton cœur si tu usais de réserve avec lui, si tu étais résolu à ne pas dépasser certaines limites dans les témoignages de ton amour ; si tu lui refusais avec obstination le sacrifice de certaines choses qu'il te demande : si tu te faisais un plan de dévotion auquel tu fusses résolu de t'arrêter, quoique la grâce voulût te pousser plus loin.

Ce n'est pas qu'il faille consulter ton imagination et te représenter des circonstances extraordinaires où peut-être tu ne te trouveras jamais, pour te demander ce que tu ferais en de pareilles circonstances. Tu pourrais imiter la présomption de saint Pierre. Tu ne dois pas compter sur toi-même. Ne préviens pas les événements. Ce que tu croirais pouvoir, tu ne le pourrais pas réellement, et ce qui te paraîtrait impossible, ne le serait pas réellemnt, si Dieu l'exigeait de toi. Contente-toi de t'examiner sur tes dispositions actuelles, et de voir si en ce moment tu accordes à Dieu tout ce qu'il te demande et si tu ne mets aucune restriction secrète à l'offrande de toi-même.

Ce précepte d'aimer Dieu de tout son cœur proscrit absolument l'amour-propre, par lequel on s'aime sans rapport à Dieu et l'on aime tout autre objet par rapport à soi. L'amour de Dieu doit être pur et il est souillé par tout autre amour dont il n'est pas le principe et le terme. Le cœur humain ne doit faire usage de sa liberté que pour s'attacher à Dieu ; les créatures ne doivent lui servir qu'à aimer Dieu davantage et il doit détruire en soi tout ce qu'il y aperçoit de contraire à l'amour de Dieu. Voilà une ample matière de réflexions et de résolutions.

Le disciple. – Je commence, ô bon Maître, à comprendre l'amour que je dois à mon Dieu, aidez-moi.

Le Sauveur. – Retiens ceci particulièrement : l'amour de Dieu n'admet pas de partage dans ton cœur. Ton Dieu est souverainement jaloux ; il veut ton cœur tout entier parce qu'il le mérite. Il le veut à lui seul, parce qu'il est le seul qui le mérite, et qu'il ne l'a fait ni pu faire que pour lui seul. Si tu en détournes la moindre affection vers la créature, tu la dérobes à Dieu, tu lui ôtes un bien qui lui appartient et qu'il ne peut céder à personne. Il faut absolument que tu n'aimes que lui, et tout autre objet par rapport à lui, comme il l'ordonne et autant qu'il l'ordonne. Saint Augustin l'a bien compris quand il a écrit : « Ce n'est pas vous aimer assez, ô mon Dieu, que d'aimer avec vous quelque chose qu'on n'aime pas pour vous. » *(Confessiones, X, 29)*

III. De toute ton âme et de toutes tes forces

Réflexions. – Tu aimeras Dieu de toute ton âme et de tout ton esprit. De qui tiens-tu ton esprit ? de Dieu uniquement. Tu as pu le cultiver ; mais tu n'as pas pu te le donner. Mais pourquoi Dieu te l'a-t-il donné ? Est-ce pour que tu l'exerces à ton gré sur tel objet qu'il te plaira, soit bon, soit indifférent, soit mauvais ? Cela ne peut être. Mais quels sont les bons objets sur lesquels Dieu veut que tu l'exerces ? Lui-même sans doute avant tout autre, et ensuite les objets créés, considérés sous le rapport qu'ils ont avec lui ; car ils n'ont de bonté que sous ce rapport, et si tu les envisages en eux-mêmes, si tu t'en occupes autrement qu'en vue de Dieu, ils cessent d'être à ton égard de bons et utiles objets de connaissance ; ils ne servent plus qu'à satisfaire une vaine et dangereuse curiosité.

En créant le monde, en instituant la société humaine, l'intention de Dieu a-t-elle pu être que cela contribuât à te faire perdre son souvenir ; ou bien que tes besoins, tes affaires, les devoirs de ton état, tes entretiens, tes études mêmes te le fissent presque entièrement oublier ? Non, l'esprit pense à ce que le cœur aime et si tu aimes Dieu de tout ton cœur, tu y penseras de tout ton esprit. Tu en parleras volontiers. Sans négliger tes devoirs, tu voudras méditer chaque jour sur Dieu et ses bienfaits et ton intention sera que tes diverses connaissances te servent à l'aimer davantage.

Tu aimeras Dieu de toute ta force. Cela veut dire d'abord que devant aimer Dieu de toute la force que te donne la grâce actuelle et cette grâce augmentant toujours par l'exercice de l'amour, tu dois aussi de jour en jour aimer Dieu davantage.

Cela veut dire encore que tu dois consacrer à Dieu toutes tes vues, tous tes desseins, toutes tes actions, n'ayant d'autre intention que de lui plaire ; t'acquitter par amour de tous tes devoirs ; employer tes talents, tes biens, ton crédit à le faire aimer ; avoir un zèle ardent pour sa gloire et la procurer de tout ton pouvoir, autant que la grâce t'y pousse, que ton état t'y autorise et que de sages conseils te règlent et te dirigent.

Le disciple. – Comme j'étais loin, ô mon Dieu, de vous aimer comme je le devais !

Le Sauveur. – Si tu veux que l'amour de Dieu règne efficacement en ton cœur, il faut que tu luttes sans cesse et de tous tes efforts contre les divers obstacles qui s'opposent à ton amour pour Dieu de la part de la nature corrompue, du monde et du démon, et parce que tes efforts sont faibles et inefficaces, il faut que tu aies sans cesse recours à la prière.

Il faut enfin que tu souffres avec résignation et patience, avec une soumission tranquille, une parfaite conformité de volonté, voire même avec une joie spirituelle, les épreuves qu'il plaît à Dieu de t'envoyer, soit qu'elles viennent de la nature ou des hommes, soit qu'elles viennent du démon ou de la Providence, qui veut purifier ton esprit et ton cœur.

AFFECTIONS ET RÉSOLUTIONS

Ah ! mon Dieu, je ne vous ai point encore véritablement aimé ; je ne me suis point encore reproché de ne pas vous aimer comme je le dois ; je ne me suis même jamais sérieusement examiné sur l'observation du premier et du plus grand des préceptes. Que je commence enfin et que je continue jusqu'au dernier soupir !

BOUQUET SPIRITUEL

– *Qui non diligit non novit Deum, quoniam Deus charitas est.* (1 Joan. IV)

– *Etenim Deus noster ignis consumens est.* (Heb. XII)

– *Diliges Dominum Deum tuum ex toto corde tuo et ex tota anima tua et ex tota mente tua et ex tota virtute tua.* (Marc. XII)

– Celui qui n'aime pas Dieu ne le connaît pas, car Dieu est amour. (1 Jn 4, 8)

– Dieu est un feu consumant. (He 12, 29)

– Tu aimeras le Seigneur ton Dieu de tout ton cœur, de toute ton âme, de tout ton esprit et de toutes tes forces. (Mc 12, 30)

Onzième méditation

Sur l'amour de confiance et d'union

I. Préparation pour la veille

Lecture du saint Évangile : Jn 15

7. Si manseritis in me, et verba mea in vobis manserint, quodcumque volueritis, petetis et fiet vobis. 8. In hoc clarificatus est Pater meus, ut fructum plurimum afferatis, et efficiamini mei discipuli. 9. Sicut dilexit me Pater, et ego dilexi vos; manete in dilectione mea. 10. Si præcepta mea servaveritis, manebitis in dilectione mea, sicut et ego Patris mei præcepta servavi, et maneo in ejus dilectione.

7. Si vous demeurez en moi, et que mes paroles demeurent en vous, demandez ce que vous voudrez et cela vous sera accordé. 8. C'est en cela qu'est glorifié mon Père, que vous portiez beaucoup de fruits et que vous deveniez mes disciples. 9. Comme mon Père m'a aimé, je vous aime ; demeurez dans mon amour. 10. Si vous observez mes préceptes, vous demeurerez dans mon amour ; comme moi, j'ai observé les préceptes de mon Père et je demeure dans son amour.

Sommaire. – Si j'aime Dieu, mes pensées, mes désirs, mes actions se rapporteront à lui.

Je me reposerai en tout sur sa providence, et me tiendrai dans la paix sous sa conduite.

Je trouverai dans cet amour une douce assurance pour ma persévérance finale.

II. Méditation

1. Lecture du saint Évangile

2. Méditation

Le disciple. – Dites-moi, Seigneur, les heureux effets de votre amour, afin que je m'y attache davantage et que je m'y affermisse de plus en plus.

I. Si j'aime Dieu, mes pensées, mes désirs et mes actions se rapporteront à lui

Réflexions. – Trois choses sont en votre pouvoir, vos pensées, vos désirs et vos actions. Vous êtes le maître d'en bien disposer avec le secours de la grâce.

Voici les effets que produira en vous la sainte charité par rapport à ces trois choses ; non pas tout d'un coup, mais peu à peu, suivant que votre amour sera plus grand et votre correspondance plus fidèle.

Si vous aimez Notre-Seigneur, les pensées et les intentions de votre esprit auront principalement pour objet tout ce qui le concerne. Vous vous occuperez volontiers de lui, vous parlerez de lui avec plaisir. Vous entretiendrez en vous sa sainte présence. Vous écarterez toute pensée inutile, et vous regarderez comme telles celles qui vous dissipent et vous détournent de lui, soit qu'elles vous affectent vivement, soit qu'elles ne fassent que vous amuser.

Si vous l'aimez sincèrement, les désirs et les sentiments de votre cœur lui seront consacrés ; vous ne souffrirez rien en votre cœur qui le partage ; vous ne vous attacherez à rien contre le gré de Notre-Seigneur, à rien qui affaiblisse ou qui tienne oisive en vous l'habitude de la sainte charité, à rien qui ne contribue à l'affermir et à l'augmenter. Remarquez ces trois degrés : le premier vous inspire de l'aversion pour tout attachement mauvais ou dangereux ; le second vous éloigne de tout attachement frivole et inutile ; le troisième vous élève jusqu'à sanctifier par la charité tout attachement légitime et permis.

Si vous aimez sincèrement Notre-Seigneur, vous ne formerez aucun projet qui ne tende directement ou indirectement à son règne et à sa gloire. Vous ne ferez aucune action qui puisse lui déplaire ; bien plus, vous tâcherez de n'en faire aucune qui n'ait pour objet de lui plaire. L'amour divin peut-il être en vous, s'il n'est maître de tout, s'il ne règle et ne gouverne tout, si tout ne part de lui comme de son principe et ne retourne à lui comme à sa fin ?

Le Sauveur. – Je ne puis pas en effet tenir pour un amour sincère la simple habitude de la charité, qui n'est qu'une disposition à aimer. L'enfant l'a par le baptême et il n'aime pas pour cela. J'attends l'exercice de cette charité. Si vous ne l'exercez pas, vous n'aimez pas ; si vous l'exercez peu, vous aimez peu. Lorsque vous commencez à l'exercer souvent, désirant toujours de l'exercer davantage, et n'étant jamais content de vous sur ce point, vous aimez beaucoup ; et si vous continuez, vous aimerez de plus en plus.

II. L'âme aimante se repose en tout sur la providence divine et se tient en paix sous la conduite de Notre-Seigneur

Réflexions. – Vous dépendez en tout de la Providence divine, tant dans l'ordre naturel que dans l'ordre surnaturel.

Si votre amour pour Notre-Seigneur est sincère, vous approuverez toutes ses dispositions par rapport à vous ; vous y acquiescerez de bon cœur ; vous vous y conformerez ; vous vous garderez bien de vous en plaindre, d'en murmurer, de faire de vains efforts pour vous y soustraire. Cela va loin et c'est un grand et continuel exercice d'amour, surtout pour les chrétiens engagés dans le monde.

D'où viennent tant de révoltes intérieures, tant de plaintes des riches comme des pauvres, des grands comme des petits, des bien portants comme des malades, au sujet des accidents de la vie, des souffrances, des embarras ou des revers auxquels chaque condition est exposée ? D'où vient que leurs désirs sont presque toujours en contradiction avec ce qu'ils éprouvent et qu'ils sont d'ordinaire mécontents de leur état présent ? Cela vient du défaut d'amour. S'ils aimaient Notre-Seigneur, ils le béniraient de ce qu'ils sont et de ce qui leur arrive ; et leur volonté, toujours soumise à la sienne, ne serait jamais contrariée. L'amour a-t-il produit cet effet en vous ? Examinez-vous et voyez où vous en êtes.

Vous dépendez aussi de lui en ce qui appartient à la providence surnaturelle, par exemple, pour les moyens extérieurs du salut qui, selon les temps et les lieux, sont plus abondants ou plus rares et plus ou moins à votre portée, et qui vous sont tantôt accordés et tantôt retirés selon les arrangements de la Providence ; pour les grâces intérieures, dont la dispensation vous est inconnue et que l'Esprit-Saint distribue de la manière et dans la mesure qu'il lui plaît ; pour les tentations de tout genre, plus ou moins longues et violentes, qui vous attaquent quand Notre-Seigneur le permet et dont nul autre que lui ne peut vous délivrer ; pour les croix spirituelles, dont la vie du chrétien est toute semée, qui ne sont pas de votre choix, et dont l'objet est de vous faire mourir à vous-même ; pour les consolations qui ne vous viennent pas quand vous les attendez et que vous croyez en avoir besoin, et qui se retirent si vite quand vous voudriez encore les retenir ; enfin pour les divers états et les vicissitudes qui composent la vie spirituelle.

Le Sauveur. – La sainte charité a ici un grand exercice et produit de merveilleux effets. Elle vous apprend, en ce qui concerne votre sanctification, à envisager surtout la gloire divine ; à croire qu'étant infiniment sage je choisis les moyens les plus convenables pour vous et les mieux appropriés à vos besoins présents ; et que, voulant votre salut plus ardemment et plus efficacement que vous ne pouvez le vouloir vous-même, j'y réussirai si vous vous en reposez sur moi des moyens à prendre et si vous vous bornez à coopérer fidèlement à mes desseins ; qu'étant infiniment puissant et bon, je peux et veux suppléer par moi-même aux moyens dont je juge à propos de vous priver ; et que j'y suppléerai infailliblement si vous vous confiez en moi et si vous me laissez faire sans rien déranger à mes plans par votre activité inquiète. En un mot, l'effet de l'amour est à la fois de vous sanctifier et de vous rendre heureux, en vous tenant tranquille, ferme, invariable sous ma conduite.

III. L'âme aimante est dans une douce assurance pour sa persévérance finale

Réflexions. – La persévérance finale dépend absolument de la Providence. C'est ici que l'amour produit le plus grand effet. Il vous tranquillise d'abord sur l'incertitude de votre situation présente et sur la crainte de n'être pas en état de grâce. Saint Augustin, le docteur de la charité, se rassurait en disant : « Ma conscience, ô mon Dieu, me répond sans aucun doute que je vous aime. » C'est déjà une grande consolation, ce témoignage que l'amour se rend à lui-même au fond du cœur. Si vous aimez Dieu, si vous en êtes certain, ne pouvez-vous pas également vous répondre de son amitié ? Vous ne l'aimeriez pas si vous n'en étiez pas aimé, car l'amour est un don divin.

Ensuite l'amour ne vous permet ni trouble ni inquiétude pour l'avenir ; il vous interdit une vaine curiosité ; il vous prescrit une humble et ferme confiance.

Le Sauveur. – Je vous inspire même un généreux abandon, en vous mettant dans la persuasion intime que si vous aimez votre Dieu, il est impossible que vous soyez malheureux. Or, rien ne peut, dans ce monde ni dans l'autre vous ravir le trésor de l'amour divin que votre propre volonté ; et quand cet amour est un peu ardent, quoiqu'on puisse absolument toujours le perdre par sa faute, on a horreur même de penser qu'on veuille jamais y consentir. On peut alors dire avec confiance comme saint Paul : « Qui me séparera de la charité du Christ ? » (Rm 8, 38)

AFFECTIONS ET RÉSOLUTIONS

Seigneur, quand vous aimerai-je assez pour être autorisé à parler ainsi avec autant de vérité que de confiance ? Fortifiez votre amour en mon cœur. De mon côté, je serai plus fidèle à penser à vous et à vos mystères plusieurs fois le jour, selon mon règlement de vie.

BOUQUET SPIRITUEL

– *Si manseritis in me et verba mea in vobis manserint, quodcumque volueritis petetis et fiet vobis.* (saint Jean, XV)

– *Quis nos separabit a charitate Christi ?* (Rom. VIII)

– *Certus sum quia nulla creatura poterit nos separare a charitate Dei quæ est in Christo Jesu.* (Ibidem)

– Si vous demeurez en moi et gardez mes paroles, demandez ce que vous voudrez, vous l'obtiendrez. (Jn 15, 7)

– Qui vous séparera de l'amour du Christ ? (Rm 8, 39)

– Je suis sûr qu'aucune créature ne pourra nous séparer de l'amour de Dieu dans le Christ (Rm 8, 38)

Douzième méditation

Sur l'amour de compassion

I. Préparation pour la veille

Lecture du saint Évangile : Jn 19

13. Pilatus autem cum audisset hos sermones adduxit foras Jesum ; et sedit pro tribunali in loco qui dicitur Lithostrotos, hebraice autem Gabbatha. 14. Erat autem Parasceve Paschæ, hora quasi sexta, et dixit Judæis : Ecce rex vester. 15. Illi autem clamabant : Tolle, tolle, crucifige eum. Dixit eis Pilatus : Regem vestrum crucifigam ? Responderunt pontifices : Non habemus regem nisi Cæsarem. 16. Tunc ergo tradidit eis illum ut crucifigeretur. Susceperunt autem Jesum et eduxerunt. 17. Et bajulans sibi crucem, exivit in eum qui dicitur Calvariæ locum, hebraice autem Golgotha. 18. Ubi crucifixerunt eum, et cum eo alios duos, hinc et hinc, medium autem Jesum.

13. Pilate ayant entendu ces mots amena Jésus dehors et siégea pour le jugement au lieu appelé Lithostrotos, en hébreu Gabbatha. 14. C'était la veille de Pâques, vers l'heure de sexte. Il dit aux Juifs : Voici votre roi. 15. Ceux-ci criaient : Condamnez-le, crucifiez-le. Pilate leur dit : Crucifie-rai-je votre roi ? Les Pontifes répondirent : Nous n'avons pas d'autre roi que César. 16. Alors il le

leur livra pour être crucifié. Ils le prirent et l'emmenèrent. 17. Et lui porta sa croix jusqu'au lieu appelé Calvaire, en hébreu Golgotha. 18. Là ils le crucifièrent et deux autres à ses côtés, mais Jésus au milieu.

Sommaire. – Peut-on dire que l'on aime véritablement Notre-Seigneur si on ne souffre pas de le voir souffrir, même dès son enfance ?

Ne doit-on pas pleurer de le voir pleurer à Gethsémani ?

Peut-on ne pas souffrir de le voir souffleté, flagellé, couronné d'épines ? Ne doit-on pas partager ses angoisses au Calvaire ?

II. Méditation

1. Lecture du saint Évangile

2. Méditation

Le disciple. – Ô Jésus, ô Marie, qui avez tant souffert pour moi, faites que je pleure avec vous ; faites que je ressente vivement dans mon cœur l'amertume des douleurs qui ont brisé les vôtres.

I. Notre-Seigneur a souffert pour nous dès son enfance

Contemplation. – Jésus a été, dès son entrée dans la vie, l'agneau du sacrifice. C'est dans l'étable de Bethléem que ses yeux se sont ouverts. Il n'avait pas trouvé de maison hospitalière pour l'accueillir. Le froid lui arracha ses premières larmes. Il souffrait aussi dans son cœur d'enfant de voir l'humiliation de son père adoptif et de sa mère.

Quel contraste c'était avec sa vie du ciel ! Quel changement ! quel abaissement ! quelle humiliation ! quelques jours après, il donnait les premières gouttes de son sang sous le couteau de la circoncision, et il pensait déjà à tout le sang qu'il verserait goutte à goutte.

Puis ce fut l'exil, la fuite précipitée, les privations du désert, la souffrance de cette frêle existence ballottée dans le voyage.

En Égypte, c'étaient les rebuts, l'indigence, le dénûment. Il voyait ses parents pleurer, manquer de tout. Ils étaient mal vêtus, humiliés et insultés par des étrangers, réduits à manger parfois le pain grossier de l'aumône.

À Nazareth, c'étaient souvent les angoisses du chômage ou du travail mal rémunéré. Toutes les épreuves d'une famille d'ouvrier, il a voulu les connaître.

À l'âge de douze ans, pour remplir un ministère indiqué par son Père, il dut partager toutes les inquiétudes et les douleurs de sa mère et de son père adoptif, qui le cherchaient en pleurant amèrement. Son Cœur saignait de les voir si désolés.

Le disciple. – Vraiment, bon Maître, vous avez été immolé pour nous dès votre enfance.

Le Sauveur. – Oui, telle fut mon enfance, et tant de souffrances et de larmes étaient pour vous. Y resterez-vous insensibles ? Comment pourriez-vous dire que vous m'aimez, si vous ne pleurez pas de me voir pleurer ?

II. Les affres de l'agonie du Sauveur à Gethsémani

Contemplation. – À Gethsémani, Jésus se mit plus spécialement en face de nos péchés. Le moment approchait d'en faire l'expiation la plus entière, la plus rigoureuse et la plus solennelle. Judas se préparait. Dieu le Père allait demander à son Fils de verser son sang. Jésus contemplait toutes les iniquités commises ou à commettre par les hommes ses frères. Et cela formait une masse immense, odieuse, épouvantable, qui répugnait infiniment à la pureté et à la sainteté de son âme. Il rougissait de honte pour ses frères, il frémissait d'horreur et de dégoût, il tremblait d'une sainte colère contre tous les insulteurs de son Père. Et son Père lui proposait de se substituer à tous les coupables. Il répondit : « *Fiat !* [1] » Mais c'était

---

[1] - *Qu'il soit ainsi !*

trop pour sa nature. Il était écrasé et broyé sous la honte et l'horreur du péché, et il pleurait jusqu'au sang. Il serait mort mille fois, si sa puissance divine n'avait conservé sa vie. Vous savez cela et vous ne pleurez pas ! Vous le voyez souffrir à ce point et vous n'êtes pas compatissants !

Il contemplait ensuite toutes ses souffrances prochaines, afin de les accepter et de les offrir à son Père pour notre salut. Il voyait la trahison d'un apôtre, la lâcheté des autres, l'iniquité des tribunaux, l'ingratitude et la férocité du peuple, les douleurs atroces de la flagellation et du couronnement d'épines, la rencontre de sa mère, le crucifiement, et pardessus tout l'abandon de son Père. Et il répétait son *fiat*. Mais sa nature succombait sous la crainte et l'angoisse. Et ce *fiat* était bien douloureux à dire !

Le disciple. – Vraiment, bon Maître, vous êtes l'homme de douleur.

Le Sauveur. – Je contemplais aussi le peu de fruits que produiraient mes souffrances, l'inutilité de mon sang pour une infinité d'âmes, l'ingratitude de la plupart des hommes, et j'étais tenté de découragement. Mes angoisses croissant, je me roulais sur le sol comme un ver de terre, et le sang jaillissait de tous mes pores.

Resterez-vous indifférents en face d'un tel spectacle ?

Mais mon Père envoya un ange me représenter sa gloire à réparer et les âmes de bonne volonté à sauver. Et j'acceptai définitivement le calice par amour pour mon Père et pour vous. Votre cœur va-t-il encore rester froid et indifférent ? N'aurez-vous pas compassion de moi, qui vous ai aimé à ce point ?

III. Les souffrances de la passion

Contemplation. – Les paroles sont impuissantes à redire les souffrances de la passion du Sauveur. Par un renversement des choses, c'était Jésus, le juste, qui était traîné par les coupables aux tribunaux et au supplice.

Les souffrances de son âme et de son cœur surpassaient celles de son corps. Ses apôtres étaient ingrats. Le sacerdoce mosaïque finissait sa carrière dans un acte de suprême folie. Le peuple oubliait les bienfaits du Christ et se laissait aller à ses haines brutales.

Les soufflets, les crachats et les insultes remplaçaient les honneurs qui étaient dus à la divinité du Sauveur.

Les fouets déchiraient son corps jusqu'à épuiser ses forces. Sa pudeur était offensée pour réparer nos immodesties.

La folie humaine insultait à sa sagesse en le revêtant de la robe des fous.

Pilate bafouait sa royauté en le couronnant d'épines et en le couvrant d'une pourpre dérisoire pour le montrer au peuple.

Comme Isaac il portait le bois de son sacrifice, mais c'était pour y être réellement sacrifié.

Il n'y avait pas un mot, pas un pas, pas un détail de ce drame qui ne heurtât tous ses sentiments au plus profond de son Cœur. La justice, la vérité, la douceur, la pitié, la modestie, la reconnaissance, le respect, tout ce qu'il aime était foulé aux pieds. Toute son âme en était brisée pendant que son corps était déchiré par les fouets et percé par les clous.

Les trois heures du crucifiement sont celles de sa suprême douleur. Il a condensé là toutes ses souffrances pour en offrir le prix infini à son Père. Il revoyait tous nos péchés et il en assumait l'expiation. Il était rabaissé au niveau des voleurs, il était dépouillé de tout, trahi par ses amis et abandonné de son Père. Tout son corps n'était qu'une plaie et il achevait de donner sa vie pour nous.

Le Sauveur. – Où est maintenant votre compassion ? Avez-vous pitié de moi ? Détestez-vous vos péchés ? Ah ! ce ne sont pas les souffrances du Calvaire qui m'ont coûté le plus ; c'est votre ingratitude, c'est votre insensibilité, c'est votre dureté de cœur. J'oublierais toutes mes souffrances, je serais prêt à recommencer, si je vous voyais compatissants et reconnaissants. Jusqu'à quand aurez-vous ce cœur de pierre ? Qu'aurais-je pu faire de plus pour gagner vos cœurs ?

AFFECTIONS ET RÉSOLUTIONS

Oh ! oui, mon bon Maître, j'ai été bien ingrat et bien dur. Au lieu de compatir à vos cruelles souffrances, je vous ai souvent offensé. J'ai blessé votre cœur. Pardonnez-moi. Mettez en mon cœur un véritable amour de compassion pour vous, afin que je ne pèche plus et que je vous console autant qu'il est en moi.

Ô Marie, gravez dans mon cœur les plaies de votre divin Fils crucifié. Faites que je pleure pieusement avec vous et que je compatisse aux douleurs de Jésus et aux vôtres !

BOUQUET SPIRITUEL

– *Angeli pacis amare flebunt.* (Is. 33)

– *Vulneratus est propter iniquitates nostras, attritus est propter scelera nostra.* (Is. 53)

– *Effundam super domum David Spiritum gratiæ et precum, et adspicient ad me quem confixerunt ; et plangent quasi super unigenitum.* (Zach. XII)

– Les anges de paix pleureront amèrement. (Is 33, 7)

– Il a été blessé pour nos iniquités et broyé pour nos crimes (Is 53, 5)

– Je donnerai à la maison de David l'Esprit de grâce et de prière ; ils regarderont mon cœur transpercé et pleureront comme une mère pleure la mort d'un premier-né. (Za 12, 10)

Treizième méditation

Sur l'amour pur et désintéressé

I. Préparation pour la veille

Lecture du saint Évangile : Jn 15

9. Sicut dilexit me Pater, et ego dilexi vos. Manete in dilectione mea. 10. Si præcepta mea servaveritis, manebitis in dilectione mea, sicut et ego Patris mei præcepta servavi, et maneo in ejus dilectione... 12. Hoc est præceptum meum, ut diligatis invicem, sicut dilexi vos. 13. Majorem hac dilectionem nemo habet, ut animam suam ponat quis pro amicis suis. 14. Vos amici mei estis, si feceritis quæ ego præcipio vobis. 15. Jam non dicam vos servos : quia servus nescit quid faciat dominus ejus. Vos autem dixi amicos : quia omnia quæcumque audivi a Patre meo, nota feci vobis.

9. Je vous ai aimés, comme mon Père m'a aimé. Demeurez dans mon amour. 10. Si vous gardez mes commandements, vous demeurerez dans mon amour, comme j'ai moi-même gardé les commandements de mon Père, et que je demeure dans son amour. 12. Le commandement que je vous donne est de vous aimer les uns les autres comme moi-même je vous ai aimés. 13. Personne ne peut avoir un plus grand amour que de donner sa vie pour ses amis. 14. Vous serez mes amis si vous

faites ce que je vous commande. 15. Je ne vous appellerai plus désormais serviteurs, parce que le serviteur ne sait ce que fait son maître ; mais je vous ai fait savoir tout ce que j'ai appris de mon Père.

Sommaire. – Notre-Seigneur désire qu'on l'aime pour lui-même et non pour soi. L'amour intéressé n'est pas mauvais. Notre-Seigneur l'accepte et le récompense, mais il ne touche pas son Cœur et ne nous obtient pas les grâces qui conduisent à la sainteté et à la perfection.

Ceux qui deviennent les amis de Notre-Seigneur obtiennent facilement son pardon et ses grâces ; il ne compte pas avec ses amis. Il est tout à eux comme ils sont tout à Lui. Les prêtres surtout doivent aimer et faire aimer Notre-Seigneur.

Cette vraie dévotion au Cœur de Jésus par un amour pur et désintéressé renouvellera le monde.

II. Méditation

1. Lecture du saint Évangile

2. Méditation

Le disciple. – Parlez, Seigneur, votre humble serviteur écoute. Dites-moi comment je vous aimerai comme vous le méritez, avec désintéressement.

I. Notre-Seigneur désire qu'on l'aime pour lui-même et non pour soi

Réflexions. – Jésus attire à lui ceux qui l'aiment et son contact les sanctifie, les porte à la perfection, parce qu'il est la sainteté et la perfection même. Toutefois, il faut bien le comprendre, il désire qu'on l'aime pour lui et non pour soi. Si on lui témoigne un amour intéressé, dicté par le calcul, cela le touche peu.

Beaucoup aiment Notre-Seigneur en vue de ses grâces, de ses bienfaits. Ils l'aiment parce que la piété a souvent, surtout pour les débutants, des douceurs et des consolations ; et quand l'aridité vient, ils se découragent.

D'autres aiment Notre-Seigneur et le servent en vue des bénédictions temporelles qui leur en reviendront. Aussi, dès qu'une épreuve arrive, un revers de fortune, une maladie, la perte d'un parent, ils se refroidissent et parfois ils boudent Notre-Seigneur.

D'autres enfin ont trop constamment en vue dans leur amour les peines et les récompenses de l'autre vie.

Ces âmes prient, mais surtout pour obtenir des bienfaits. Elles ne savent guère louer, aimer, remercier. La seconde partie du *Pater* les touche, mais la première les laisse froides. Elles tiennent plus au pain quotidien qu'au règne de Dieu lui-même.

Ce n'est plus là véritablement de l'amour, c'est un procédé diplomatique. Jésus perce à jour tous les calculs parce qu'il scrute les reins et les cœurs. Ceux qui aiment par calcul sont plutôt ses serviteurs que ses amis.

Le disciple. – Pardonnez-moi donc, bon Maître, de vous avoir aimé si imparfaitement jusqu'à présent.

Le Sauveur. – Avec mes amis, je ne compte pas. Je suis si heureux d'être aimé par un cœur qui n'a d'autre passion que de m'aimer, que j'oublie tout le passé. Mon amour le couvre tout entier. Celui qui m'aime passionnément n'a plus affaire à ma justice, mais à mon Cœur. Si passionnément que l'on m'aime, j'aime avec plus de passion encore, puisque je suis fou d'amour. Les dettes de mes amis sont payées par mon amour avec une telle surabondance que ceux qui me devaient deviennent tout d'un coup riches, riches de tous les trésors de mon Cœur, car je ne puis rien refuser à ceux qui m'aiment. Je suis tout à eux. Mon Cœur est à eux avec ses trésors ; ils s'y perdent comme dans un océan d'amour. Pourquoi compterais-je avec eux, puisqu'ils ne comptent pas avec moi ? On ne peut pas me vaincre en générosité ; mais lorsqu'on touche mon cœur par l'amour, j'enveloppe l'amant de mon Cœur de toutes les affections de ma tendresse. Ah ! si les prêtres, les privilégiés de mon Cœur, comprenaient bien quel amour j'ai pour eux, comme ils m'aimeraient ! Un de mes fidèles serviteurs, (le curé d'Ars), disait qu'ils mourraient d'amour.

II. Les prêtres surtout doivent donner à Notre-Seigneur cet amour désintéressé

Réflexions. – Ils ne le savent pas assez par leur faute. Leur mission n'est-elle pas de faire aimer Jésus ? Comment le faire aimer sans faire connaître les raisons que l'on a de l'aimer ? Ces raisons, on les expose bien aux autres, mais froidement et sans se préoccuper assez de les goûter pour soi-même. Ou bien on accorde à Jésus un amour de raison, ou même de volonté, dans lequel le cœur n'a aucune part, comme si on pouvait aimer sans donner son cœur. Beaucoup restent ainsi, quoique avec de bonnes intentions, de froids serviteurs, alors que Jésus voudrait voir en eux des amis. Car si Jésus veut trouver des amis chez tous ses disciples, c'est particulièrement à ses apôtres et à ses prêtres qu'il a dit : « Vous ne serez plus pour moi des serviteurs, mais des amis. » (Jn 15, 15) Les rapports intimes et journaliers du Sauveur avec ses prêtres, particulièrement au saint autel, exigent cette amitié. Le prêtre représente Jésus et continue sa mission, il doit y avoir entre eux cette communauté de vues et de sentiments qui est le propre de l'amitié.

Le prêtre doit épouser tous les intérêts de Jésus, partager toutes ses sollicitudes, se réjouir de ses conquêtes, s'attrister de ses pertes. Saint

Augustin a dit : « *Sacerdos alter Christus*, le prêtre est un autre Christ. » On dit aussi d'un ami : c'est un autre moi-même.

L'intimité de Jésus avec ses apôtres était le signe de l'amitié. Il veut avoir la même amitié avec ses prêtres. Mais beaucoup ne le comprennent pas entièrement.

Avec ceux-là il est bien obligé de compter pour leur donner ses grâces, puisqu'ils comptent avec lui. Nous ne parlons pas ici des mauvais prêtres qui font la désolation du divin Cœur, mais des serviteurs exacts, capables d'un certain dévouement, mais dont le ministère reste peu fructueux parce qu'il lui manque la vie du cœur.

Le Sauveur. – Comme la face du monde serait vite changée si tous les prêtres étaient des amis de mon Cœur ! Quels prodiges de sanctification et de conversion n'accomplirais-je pas par leur ministère ! Renouveler mes prêtres dans et par mon amour, voilà mon désir le plus grand. Que les prêtres se réchauffent aux ardeurs de mon Cœur et je ferai des prodiges pour féconder leur ministère d'amour. Ministère d'amour, tel est celui que je voudrais voir rempli par mes prêtres. Je suis tout amour ; mes ministres doivent être des ministres d'amour et ils ne pourront l'être qu'autant qu'ils seront enflammés par mon amour.

III. La vraie dévotion au Cœur de Jésus renouvellera le monde

Réflexions. – La dévotion au divin Cœur de Jésus produira un renouvellement dans le monde.

Rappelez-vous les promesses qu'il a faites à Marguerite-Marie pour les prêtres voués à son Cœur : « Leur ministère sera fécond, ils toucheront les cœurs les plus endurcis. » Pourquoi ces promesses n'ont-elles pas obtenu jusqu'ici une plus large réalisation ? C'est parce que les prêtres ne donnent pas assez leur cœur à Notre-Seigneur. Le don du cœur c'est la dévotion qu'il a demandée à Marguerite-Marie et qu'il demande encore. « L'ingratitude des hommes, disait-il, m'est plus sensible que ce que j'ai souffert dans ma passion ; s'ils me rendaient quelque retour d'amour, j'estimerais peu tout ce que j'ai souffert pour eux, et je voudrais, s'il se pouvait, en souffrir davantage. – Toi du moins, donne-moi cette joie de suppléer à leur ingratitude autant que tu peux en être capable. » Une autre fois il lui disait : « Verse des larmes sur l'insensibilité de ces cœurs que j'avais choisis pour les consacrer à mon amour. » Et encore : « Je viens dans le cœur que je t'ai donné, afin que par son ardeur, tu répares les injures que j'ai reçues de ces cœurs tièdes. » – « Ton cœur est un autel où le feu de mon amour doit brûler continuellement. »

Le Sauveur. – C'est cette vie d'amour que j'attends de mes amis et surtout de mes prêtres et c'est la condition de mes grandes grâces.

AFFECTIONS ET RÉSOLUTIONS

Seigneur je vous réponds avec Marguerite-Marie : « Que n'avez-vous pas fait pour gagner le cœur des hommes ? Ah ! qu'il est beau le bien-aimé de mon âme, pourquoi ne puis-je l'aimer autant que je le désire ? Ô Cœur divin, je veux brûler de vos feux et vivre de votre vie. Je ne veux plus vivre que de vous, par vous et pour vous. »

BOUQUET SPIRITUEL

– *Jam non dicam vos servos, vos autem dixi amicos.* (Joan. XV, 15)

– *Charitas non quærit quæ sua sunt.* (I Cor. XIII)

– *Pro omnibus mortuus est Christus, ut qui vivant jam non sibi vivant sed ei qui pro ipsis mortuus est et resurrexit.* (II Cor. V, 15)

– Je ne vous appellerai plus mes serviteurs, mais mes amis. (Jn 15, 15)

– L'amour est désintéressé. (1 Co 13, 5)

– Le Christ est mort pour tous, afin que ceux qui vivent ne vivent plus pour eux-mêmes, mais pour celui qui est mort pour eux et qui est ressuscité. (2 Co 5, 15)

Quatorzième méditation

Affection profonde, incessante et fervente

I. Préparation pour la veille

Lecture du saint Évangile : Jn 17

20. Non pro eis rogo tantum, sed et pro eis qui credituri sunt per verbum eorum in me. 21. Ut omnes unum sint, sicut tu Pater in me, et ego in te, ut et ipsi in nobis unum sint : Ut credat mundus quia tu me misisti. 22. Et ego claritatem quam dedisti mihi, dedi eis : ut sint unum sicut et nos unum sumus. 23. Ego in eis et tu in me : ut sint consummati in unum : et cognoscat mundus quia me misisti et dilexisti eos, sicut et me dilexisti... 26. Et notum feci eis nomen tuum, et notum faciam : ut dilectio, qua dilexisti me in ipsis sit, et ego in ipsis.

20. Je ne prie pas seulement pour eux, mais aussi pour tous ceux qui par leur parole croiront en moi. 21. Pour que tous soient un, comme vous, mon Père, êtes en moi et moi en vous, qu'ils soient en nous ; afin que le monde croie que vous m'avez envoyé. 22. Et moi je leur ai donné la gloire que vous m'avez donnée : qu'ils soient un comme nous. 23. Moi en eux et vous en moi : qu'ils soient consommés dans l'unité ; et que le monde connaisse que vous m'avez envoyé et que

vous les avez aimés, comme vous m'avez aimé...
26. Et je leur ai fait connaître votre nom et je le
leur ferai connaître : pour que l'affection dont
vous m'avez aimé soit en eux et moi en eux.

Sommaire. – L'affection pour Notre-Seigneur
doit être une affection profonde et qui remplisse
le cœur.

Celui qui aime Notre-Seigneur met son bonheur à penser à lui et cherche les moyens de lui
prouver la sincérité des sentiments de son cœur.

Cette habitude de penser à Notre-Seigneur et
de lui offrir ses actions met les âmes dans l'état
de ferveur et transforme toutes leurs actions en
actes de charité.

II. Méditation

1. Lecture du saint Évangile

2. Méditation

Le disciple. – Comment vous témoignerai-je
mon amour, ô bon Maître ? Vous êtes tout aimable, mon cœur est tout à vous, dites-moi ce que je
dois faire pour que mon amour vous soit agréable.

I. L'affection pour Notre-Seigneur doit être profonde et remplir le cœur

Réflexions. – Il ne faut pas vous méprendre sur la nature de l'affection que Notre-Seigneur demande. Ce qu'il veut, c'est une affection profonde, qui remplisse le cœur tout entier et qui l'entraîne dans la voie généreuse du sacrifice. Il apprécie cette affection par les effets qu'elle produit, beaucoup plus que par les sentiments plus ou moins vifs qu'elle inspire.

Le premier effet de l'affection véritable est de rendre légers tous les fardeaux. Si lourde que soit la croix à porter, celui qui aime Notre-Seigneur est heureux, en la portant, de lui donner une marque de son amour. Il pense à ses souffrances, il y unit les siennes, et ce trait de ressemblance qu'il a avec Jésus met la joie dans son cœur.

Dans les conditions ordinaires de la vie, sa pensée se reporte habituellement sur Celui qui est la voie, la vérité et la vie. Il pense à ses bienfaits, à son amour, et selon les dispositions de son cœur, il se plaît à occuper son esprit de tel ou tel des mystères du Sauveur.

Lorsque sa règle l'amène au sanctuaire où Jésus réside dans le tabernacle, il est heureux de passer quelques instants auprès de lui, de lui parler avec simplicité, de lui confier ses peines, de lui dire qu'il l'aime, ou encore de lui demander la grâce de l'aimer de plus en plus.

Si dans ces moments son cœur reste froid, il souffre de cet état et dit avec abandon au Sauveur qu'il voudrait bien trouver en son cœur quelque affection à lui offrir.

Lorsqu'un ordre pénible d'un supérieur vient déranger un projet ou contrarier une habitude, si la faiblesse de la nature a laissé échapper un premier mouvement de mauvaise humeur, la pensée que cette mauvaise humeur attriste le Cœur de Jésus et que le sacrifice généreusement accepté le réjouira, vient aussitôt ranimer le courage ; on demande pardon à Jésus avec simplicité de sa petite lâcheté et on lui offre avec joie l'obéissance qui vient la racheter.

Lorsqu'on a commis quelque faute, on souffre à la pensée d'avoir attristé le Cœur si sensible de Jésus et de lui avoir déplu, et on a hâte de recourir au sacrement de pénitence et à l'aveu simple et candide de sa faute à son directeur.

Si un cœur qui aime tendrement le divin Cœur s'approche d'un sacrement, il pensera qu'il va recevoir un bienfait, une marque de l'amoureuse sollicitude du Sauveur pour lui, une faveur enfin que Jésus lui a achetée au prix de son sang, et cette pensée excitera en lui un vif sentiment de gratitude envers le bon Maître. On souffre, si on ne sent pas alors dans son cœur un sentiment affectueux pour le Cœur si aimant de Jésus et on le lui dit avec ingénuité. On s'accuse dans le secret de son cœur de ne pas aimer comme il le mérite ce Cœur infiniment aimant et infiniment aimable.

Se livre-t-on à un travail de règle, on a soin de l'offrir à Jésus en le priant de l'agréer comme une marque d'amour.

S'acquitte-t-on d'un devoir quelconque, non seulement on pense à le lui offrir comme un gage d'amour, mais pour lui donner une preuve de la sincérité de son affection, on s'applique à le faire le mieux qu'on peut.

Si malgré la bonne volonté apportée à son travail on n'a réussi qu'à faire une œuvre défectueuse, on offre à Notre-Seigneur l'humiliation qui pourra en résulter.

Le Sauveur. – Fréquemment le cœur voué à l'amour de mon Cœur éprouve le besoin de se rapprocher de moi, de me dire qu'il m'aime.

Les hommes simples sont ceux qui ouvrent le mieux leur cœur dans ces courts instants où l'on ranime son ardeur au travail par une invocation affectueuse. Il ne leur en coûte pas de me dire de tout leur cœur : « Jésus, que je vous aime », ou bien encore : « Ô Jésus que je voudrais vous aimer ! » Je réponds souvent à ces invocations et à ces attentions délicates par des touches de grâce qui dilatent le cœur et le rendent plus ardent. J'aime beaucoup ces épanchements pleins de simplicité.

**II. Le religieux ou le fidèle qui aime vérita-
blement Notre-Seigneur met son bonheur à
penser à lui et cherche les moyens de lui
prouver la sincérité de ses sentiments**

Réflexions. – Celui qui aime véritablement le
Cœur Sacré de Jésus est vigilant dès le matin. Il
n'est pas paresseux à se lever, car sa première
pensée est pour le bon Maître. Il a hâte de lui
donner son cœur et de renouveler son oblation. Il
sait que la paresse dans son lever serait un
démenti donné à ses protestations d'amour.

Une vie ainsi remplie par la pensée habituelle
de Celui à qui on a donné son cœur n'est pas
seulement une prière continuelle, c'est un acte
d'amour continu. « *Sine intermissione orate[1]* » (1
Th 5, 17), a dit l'apôtre. Voilà le moyen de prier
sans relâche.

Celui qui aime Notre-Seigneur continue à
l'aimer pendant son sommeil, car pendant qu'il
dort son cœur veille. Il n'a pu se livrer au sommeil sans éprouver le besoin de dire à Notre-
Seigneur qu'il l'aime et sans lui offrir ce repos,
destiné à réparer des forces qu'il a vouées à son
amour. Comme l'épouse du Cantique, il cherche
Notre-Seigneur même la nuit : « *In lectulo meo
(per noctes) quaesivi quem diligit anima mea.[2]* »
(Ct 3, 1)

---

[1] *- Priez sans cesse.*
[2] *- Sur la couche, la nuit, j'ai cherché celui que mon cœur
aime.*

Le cœur aimant murmure comme de lui-même : « Jésus, je vous aime », ou quelque autre parole affectueuse pour Notre-Seigneur.

Le Sauveur. – Oui, ceux qui vivent ainsi m'ont bien réellement donné leur cœur. Ils m'en ont donné toutes les affections et tous les battements. Aime-t-on beaucoup quand on pense peu ou point à l'objet de son amour ? Ne craignez pas, cette manière de m'aimer n'a rien qui fatigue. Elle n'exige pas qu'on se fasse des raisonnements incessants, ni qu'on tienne son esprit dans une tension pénible. Le cœur ne se lasse jamais de penser à celui qu'il aime. C'est le principal effet de l'amour de remplir tellement le cœur qu'il éprouve incessamment le besoin de s'unir à l'objet de son amour.

III. Cette habitude de penser affectueusement à Notre-Seigneur met l'âme en état de ferveur et transforme toutes ses actions en actes de charité

Réflexions. – Le grand signe de l'amour vrai et fervent, c'est la pensée de celui qu'on aime, c'est le souci de tout lui offrir et de tout faire avec cœur par amour pour lui. Plus on aime et plus on est pressé par le besoin de tout offrir comme une marque d'amour : « *Qui edunt me adhuc esurient et qui bibunt me adhuc sitient.*[1] » (Si 24, 29) Ce

---

[1] - *Ceux qui me mangent auront encore faim, et ceux qui me boivent auront encore soif.*

besoin rend attentif à bien faire tout ce qu'on fait. Il rend délicat dans les petites choses. Cette délicatesse touche beaucoup Notre-Seigneur, parce qu'elle est la marque d'un amour profondément enraciné. À ces âmes que l'amour a rendues ainsi attentives à lui plaire jusque dans les moindres détails de leur vie, il réserve des tendresses particulières. C'est à elles que s'appliquent ces paroles de l'Époux : « Tu as blessé mon cœur, ô ma sœur et mon épouse, par ton regard et ta chevelure – *Vulnerasti cor meum, soror mea sponsa, in uno oculorum tuorum et in uno crine colli tui.* » (Ct 4, 9) Quelle marque d'amour y aurait-il dans un travail dont on s'acquitterait comme d'une corvée ennuyeuse ?

Enfin le grand avantage de cette habitude de toujours penser à Jésus et de toujours lui offrir ses actions comme un gage d'amour, c'est de tenir lieu de plusieurs pratiques à la fois, de les résumer, de les concentrer en une seule, qui mène directement à la perfection. Agir en esprit de foi, agir en se tenant en la présence de Dieu, agir avec une grande pureté d'intention, tout cela se trouve réuni dans ce seul acte inspiré par le cœur : Agir par pur amour pour le Cœur de Jésus.

Le Sauveur. – Oui, je suis présent dans le cœur de celui qui agit ainsi. Je m'en fais un tabernacle. J'y suis avec mon amour et souvent je parle à ce cœur par les douces inspirations de ma grâce ; et ce cœur dilaté par l'amour marche avec joie dans le chemin du devoir et du sacrifice : « *Viam manda-torum tuorum cucurri, cum dilatasti cor meum.[1]* » (Ps 118, 32)

AFFECTIONS ET RÉSOLUTIONS

J'ai souvent goûté, ô mon bon Maître, la douceur de votre présence, et je comprends que je dois la mériter par ma générosité à vous servir avec un amour filial. Je renouvelle ma résolution de vous offrir sincèrement mes actions et de les faire sous vos yeux avec un soin délicat, pour contenter votre cœur si aimant.

BOUQUET SPIRITUEL

– *Sine intermissione orate.* (1 Thess. V)

– *Vulnerasti cor meum in uno oculorum tuorum et in uno crine colli tui.* (Cant. IV)

– *Viam mandatorum cucurri cum dilatasti cor meum.* (Ps. 118)

– Priez sans interruption. (1 Th 5, 18)

– Tu as blessé mon Cœur par un regard et par un cheveu de ta tête. (Ct 4, 9)

– J'ai couru dans la voie des commandements, quand vous avez dilaté mon cœur. (Ps 118, 32)

---

[1] *- Je cours sur la voie de tes commandements, car tu as mis mon cœur au large.*

Quinzième méditation

Sur l'amour d'abandon

I. Préparation pour la veille

Lecture du saint Évangile : Jn 4

31. Interea rogabant eum discipuli, dicentes : Rabbi, manduca. 32. Ille autem dicit eis : Ego cibum habeo manducare, quem vos nescitis. 33. Dicebant ergo discipuli ad invicem : Numquid aliquis attulit ei manducare ? 34. Dicit eis Jesus : Meus cibus est, ut faciam voluntatem ejus, qui misit me, ut perficiam opus ejus.

31. Alors ses disciples le pressaient disant : Maître, mangez. 32. Il leur dit : J'ai à manger une nourriture que vous ne connaissez pas. 33. Alors ils se disaient entre eux : Quelqu'un lui a-t-il apporté à manger ? 34. Jésus leur dit : Ma nourriture est de faire la volonté de celui qui m'a envoyé pour que j'accomplisse son œuvre.

Sommaire. – Celui qui aime ne se résigne pas seulement, il fait plus ; il se met joyeusement à la disposition de l'objet aimé. Il s'en remet à lui en tout et pour tout.

L'amertume de la résignation est incompatible avec l'amour dont elle blesse la délicatesse.

L'abandon amoureux et confiant est ce qui plaît à Notre-Seigneur. C'est ainsi qu'il se donnait à son Père et même à Marie et à Joseph.

II. Méditation

1. Lecture du saint Évangile

2. Méditation

Le disciple. – Bon Maître, je désire par-dessus tout vous contenter et vous témoigner mon amour de la manière la plus complète et la plus délicate. Dites-moi, je vous prie, ce que je dois faire.

I. Celui qui aime se met joyeusement à la disposition de la personne aimée

Réflexions. – Dans l'amour vrai, on se donne entièrement à la personne aimée. On ne se résigne pas seulement, on fait plus : on est joyeux d'être à la disposition de celui qu'on aime ; on s'en remet à lui en tout et pour tout. L'union serait incomplète, elle n'existerait pas totalement, si on ne laissait absorber sa volonté par celui qu'on aime.

Notre-Seigneur ne s'est pas borné à se résigner à la volonté de son Père, il a voulu ce que voulait son Père et il l'a voulu avec joie. Il a dit avec joie le « *Surgite, eamus :* Levez-vous, allons ! » (Mc 14, 42) « Il a pris la croix avec joie : – *Cum gaudio sustinuit crucem.* » (He 12, 2) – En Égypte, à Nazareth, il ne s'est pas simplement résigné à la volonté de sa Mère ou à celle de saint Joseph, il a toujours voulu ce qu'ils voulaient ; il a fait plus, il a voulu ce qu'ils désiraient.

Voyez comme vous êtes loin encore de l'aimer comme il veut être aimé. Il laisse à ses amants une volonté, celle d'être uni à lui, mais il ne peut leur laisser le choix dans la forme de cette union, ils doivent se laisser conduire.

Le Sauveur. – Ce que je demande à mes amis, ce n'est pas la résignation simple, la résignation de Simon de Cyrène ; c'est l'abandon joyeux. La résignation mêlée d'amertume et de tristesse est encore méritoire et je la récompense, mais je demande plus à mes amis : la tristesse dans le sacrifice est incompatible avec l'amour dont elle blesse la délicatesse.

La préoccupation d'un cœur aimant n'est pas la récompense, il n'y pense pas ; c'est de s'unir à moi, c'est de provoquer les épanchements de mon Cœur par les épanchements du sien. Il se donne à moi entièrement, il s'oublie, il se perd en moi comme une goutte dans l'océan.

II. Notre-Seigneur demande l'abandon amoureux et confiant

Réflexions. – C'est dans la méditation de l'enfance et des souffrances de Notre-Seigneur qu'on trouve la lumière et la force pour suivre les exemples d'abandon qu'il a donnés. La méditation affectueuse de sa vie d'enfant vous apprendra à vous remettre entre ses mains avec une confiance d'enfant. C'est le fruit qu'on doit retirer de la contemplation de son enfance. Il faut apprendre à l'aimer d'abord et ensuite le laisser faire et s'abandonner à lui.

Ce qu'il demande de vous, ce n'est pas tant de penser à vous résigner et à faire un sacrifice, que de l'aimer et de vous abandonner avec confiance et avec amour à son amour. L'abandon aimant, voilà ce qui lui plaît, ce qui fait tressaillir son Cœur et lui donne les plus douces jouissances.

Le Sauveur. – Lorsqu'une âme s'abandonne généreusement à mon amour, je ne compte plus avec elle. J'en prends soin comme de moi-même. Son cœur se fond, se perd dans le mien. Comme je ne fais qu'un avec mon Père, elle ne fait qu'un avec moi. Elle est plus qu'un ami avec moi, elle est en quelque sorte un autre moi-même. – « *Sicut tu, Pater, in me et ego in te, ut et ipsi in nobis unum sint[1].* » (Jn 17, 21) N'est-ce pas ainsi que je reposais sur les bras de Marie et de Joseph me

---

[1] - *Comme toi, Père, tu es en moi et moi en toi, qu'eux aussi soient un en nous.*

laissant porter où ils voulaient, toujours content pourvu que je sois avec eux ? Plus tard ils me conduisaient par la main et tout mon désir était d'être auprès d'eux et de faire ce qu'ils voulaient. Je faisais de même pour mon Père céleste, j'étais entre ses mains ne demandant pas autre chose que de faire amoureusement sa volonté.

Faites de même, donnez-vous à moi pour être conduits soit par ma grâce et ma providence, soit par ceux qui me représentent auprès de vous.

III. La méditation de la passion nous enseigne particulièrement l'abandon

Réflexions. – C'est dans la méditation des souffrances de Notre-Seigneur qu'on puisera surtout les forces nécessaires pour pratiquer l'abandon dans les épreuves de la vie. La contemplation de sa passion développe l'amour qu'on lui porte, et l'amour est le moyen de transformer en joie ce qui serait amertume.

Le désir de s'unir aux souffrances de Notre-Seigneur adoucit les peines que l'on peut rencontrer dans l'immolation de soi-même. On unit ses peines à son immolation du Calvaire et c'est un moyen de s'associer à sa douloureuse passion, dans le même esprit où il l'a soufferte, pour l'amour et la gloire de son Père et pour le salut des âmes. Cette union d'intention lui est très agréable et l'amour avec lequel on la fait en augmente encore le prix à ses yeux. C'est ainsi qu'on n'a vraiment qu'un cœur et une âme avec lui.

Son amour sera ainsi pour vous le moyen de supporter facilement toutes les épreuves par où vous pourrez passer. Il les allègera, et même il transformera en joie tout ce qui sans lui serait peine ou amertume.

On se réjouit d'être flagellé avec lui quand on lui offre amoureusement les mortifications de la chair et les humiliations de l'orgueil. On est couronné d'épines avec lui et on s'y complaît, quand on unit amoureusement à ses souffrances toutes les contrariétés que l'on éprouve. Une âme marche avec Jésus dans la voie douloureuse du Calvaire quand elle suit, unie à lui par l'amour, les voies où il lui plaît de la faire passer.

On est cloué sur la croix avec lui, quand on unit à son crucifiement les situations pénibles et douloureuses où il lui plaît de placer ses amis. On agonise avec lui sur la croix quand on unit à ses peines les angoisses d'une situation où il veut que l'on soit.

Il faut accepter les épreuves quelles qu'elles soient. Il n'est pas nécessaire qu'elles ressemblent physiquement aux siennes. Quiconque l'aime passe par des épreuves. Ces épreuves, on les subit avec lui en s'unissant aux souffrances de sa passion. L'union d'amour identifie en quelque sorte ces souffrances avec les siennes. Qu'importe que ces douleurs ne soient pas matériellement identiques aux siennes ! Elles leur sont toujours semblables, quand elles sont amoureusement acceptées et qu'elles lui sont offertes en union avec les siennes.

Acceptation et abandon, ce sont les deux conditions de cette vie d'union qui est animée par un généreux amour envers Notre-Seigneur.

Le Sauveur. – C'étaient mes dispositions habituelles envers mon Père. J'ai pu éprouver un moment de tristesse à l'agonie pour vous encourager dans vos tentations, mais je suis revenu promptement à l'esprit d'abandon : « Mon Père, que votre volonté soit faite et non la mienne ! » (Lc 22, 42)

N'étaient-ce pas aussi les dispositions de mes apôtres ? Le livre des Actes vous dit que Pierre et Jean s'en allaient joyeux après l'interrogatoire du Sanhédrin où ils avaient été humiliés pour le nom du Christ. – « *Ibant gaudentes a conspectu concilii, quoniam digni habiti sunt pro nomine Jesu contumeliam pati[1].* » (Ac 5, 41) C'est qu'ils m'aimaient véritablement. Saint Paul aussi surabondait de joie dans ses épreuves. – « *Superabundo gaudio in omni tribulatione.[2]* » (2 Co 7, 4)

Mais cette union avec moi demande le recueillement habituel, le souvenir constant de mes bontés et de mon amour et une douce intimité habituelle avec moi.

---

[1] - *Ils s'en allèrent du Sanhédrin, tout joyeux d'avoir été jugés dignes de subir des outrages pour le nom de Jésus.*
[2] - *Je surabonde de joie dans toute notre tribulation.*

AFFECTIONS ET RÉSOLUTIONS

Seigneur, je me confie, je me donne et je m'abandonne avec confiance et avec amour à votre amoureuse Providence, comme vous vous êtes abandonné à votre Père dans votre enfance, dans toute votre vie et votre passion. Puisque vous m'aimez, pourquoi ne me confierais-je pas à votre Cœur ? Vous aurez plus de soin de moi que n'en aurait une mère.

BOUQUET SPIRITUEL

– *Meus cibus est ut faciam voluntatem ejus qui misit me.* (Joan. IV, 34)

– *Et qui misit me mecum est et non reliquit me solum, quia quæ placita sunt ei facio semper.* (Joan. VIII, 29)

– *Quicumque fecerit voluntatem Patris mei qui in cœlis est, ipse meus frater, et soror et mater est.* (Matth. XII, 50)

– Ma nourriture est de faire la volonté de celui qui m'a envoyé. (Jn 4, 34)

– Celui qui m'a envoyé est avec moi et il ne m'a pas laissé seul parce que j'accomplis toujours son bon plaisir. (Jn 8, 29)

– Celui qui fait la volonté de mon Père qui est aux cieux, celui-là est mon frère et ma sœur et ma mère. (Mt 12, 50)

Seizième méditation

Sur la pureté de cœur

I. Préparation pour la veille

Lecture du saint Évangile : Lc 15

Homo quidam habuit duos filios : 12. Et dixit adolescentior ex illis patri : Pater, da mihi portionem substantiæ quæ me contingit. Et divisit illis substantiam. 13. Et non post multos dies, congregatis omnibus, adolescentior filius peregre profectus est in regionem longinquam, et ibi dissipavit substantiam suam vivendo luxuriose. 14. Et postquam omnia consummasset, facta est fames valida in regione illa, et ipse cœpit egere. 15. Et abiit, et adhæsit uni civium regionis illius, qui misit illum in villam suam pascere porcos. 17-18. In se autem reversus dixit :... Surgam et ibo ad patrem.

11. Un homme avait deux fils : 12. Le plus jeune dit à son père : Donnez-moi la part d'héritage qui me revient. Et le père fit le partage. 13. Peu après ce jeune homme réunit ses biens et partit au loin, et là il dissipa tout en vivant luxureusement. 14. Et quand il eut tout dissipé, la famine régnait dans ce pays-là et il eut faim. 15. Il se mit au service d'un propriétaire, qui l'envoya à la campagne garder les pourceaux. 17-18. Mais

ayant fait un retour sur lui-même il se dit : ... Je retournerai vers mon père.

Sommaire. – Il est bien clair que le principal obstacle à la vie d'amour c'est le péché. Pécher et s'éloigner de l'amour de Dieu c'est la même chose.

Le péché mortel détruit l'amour ; le péché véniel le diminue.

Il faut revenir tous les jours à notre Père céleste par le repentir, la conversion, la pénitence.

II. Méditation

1. Lecture du saint Évangile

2. Méditation

I. Le principal obstacle à l'amour, c'est le péché

Réflexions. – Par le péché, l'homme se détourne de son Dieu pour s'établir dans l'indépendance et se suffire à lui-même. Il brise l'union de son âme avec Dieu et perd la grâce qui avait opéré en lui cette union. Bien plus, une pente nouvelle l'entraîne vers les créatures et loin de Dieu, tandis qu'auparavant il avait une inclination surnaturelle à chercher Dieu en tout et partout.

Le canal d'union n'existant plus, il ne se fait plus aucune communication de grâces vivifiantes du Créateur à la créature ; et d'autre part, il n'existe plus de soumission et de dépendance de la créature au Créateur.

L'âme ainsi séparée de Dieu et ne recevant plus les divines communications, cherche son bonheur dans les créatures. Les trois concupiscences, qui éloignent de Dieu, remplacent les trois vertus théologales qui portaient l'âme vers Dieu. Les trois puissances de l'âme sont entraînées par ces trois vices. L'âme devient esclave des sens et de la chair. La pauvre prodigue vit avec les pourceaux. Mais les aliments misérables qu'elle a trouvés ne lui suffisent pas : elle a faim.

Alors elle se souvient de son bonheur passé. Quand elle possédait Dieu, elle recevait avec abondance les communications de l'amour divin. Elle voyait Dieu dans les créatures elles-mêmes, qui l'aidaient à s'unir à Dieu. Les sens étaient paisibles et soumis. Elle se rassasiait de l'amour.

Que lui reste-t-il à faire ? à se lever et à retourner vers son père, qui lui pardonnera et lui fera servir de nouveau le festin abondant de l'amour.

Il faut donc toujours revenir à Dieu : revenir de loin, si on a commis quelque faute grave ; revenir de moins loin, si on a seulement commencé à s'éloigner par des fautes vénielles.

Le Sauveur. – Oui, revenir à moi et fuir le péché est toujours la condition de l'amour. Revenir et retrouver sa robe primitive, la robe blanche de la pureté, c'est la condition pour s'asseoir de nouveau au festin de l'amour. Ah ! je vous attends, comme le père de l'enfant prodigue ; n'hésitez pas, revenez, j'ai hâte de vous combler des dons de l'amour, plus même que je ne le faisais auparavant.

II. Le péché véniel et la tiédeur paralysent l'amour

Le péché véniel ne détruit pas complètement l'amour, mais il le paralyse.

L'amitié est délicate, elle s'entretient par les attentions, l'assiduité, les services rendus. Elle se refroidit vite quand viennent les oublis, les froissements, les offenses même légères. Les peines qui nous viennent d'un ami sont les plus sensibles, comme le remarque David dans les psaumes.

L'habitude du péché véniel est absolument inconciliable avec l'amitié de Jésus. Prétendre qu'on aime quelqu'un et le harceler sans cesse de mépris et de mauvais traitements, c'est absolument contradictoire. Agir ainsi, c'est provoquer les nausées de notre ami, c'est préparer la rupture avec lui.

En pratique, si nous avons péché mortellement, il n'y a qu'un remède : recourir au sacrement de pénitence ; s'y bien préparer, y aller avec ardeur et avec confiance, comme a fait l'enfant prodigue ; se montrer reconnaissant de la grâce retrouvée.

Pour le péché véniel, la lutte est de tous les jours. Il faut d'abord s'exciter à en concevoir de la haine ; se bien déterminer à l'éviter le plus possible ; prendre les moyens pour cela.

L'oraison, les examens, la vigilance sont les moyens ordinaires. Il faut savoir fuir les occasions.

L'amitié ne se contente pas d'une demi-générosité, elle veut tout ou rien. Qui est-ce qui voudrait aller assidûment chez une personne qui n'a que des procédés blessants ? Jésus aime ceux dont il est aimé : « *diligentes me diligo*[1] » (Pr 8, 17). Il est assidu auprès de ceux qui sont assidus à lui plaire, à le servir délicatement, à lui éviter toute peine et toute tristesse.

Pécher véniellement, ce n'est pas s'éloigner absolument de Dieu, mais c'est lui tourner le dos, tout en restant auprès de lui. Est-ce là de l'amitié ?

Ce n'est pas souiller complètement son Cœur, c'est cependant le salir. Un objet sali peut-il bien plaire et rester agréable ?

Le Sauveur. – Je vous demande votre cœur, mais je ne puis vouloir qu'un cœur pur, un cœur attentif, un cœur aimant. Que puis-je faire d'un cœur tout rempli de lui-même et des créatures ? Je me plais parmi les lis. Mon amour pour les âmes est en proportion de leur pureté.

---

[1] *- J'aime ceux qui m'aiment.*

III. La tiédeur et le retour à Dieu

Le péché véniel peut n'être qu'accidentel. Mais si on y demeure, si on le commet facilement, si on ne s'en relève pas par le retour de l'âme à Dieu, par un acte de charité parfaite, alors c'est la tiédeur. Ce n'est pas encore la fin de l'état de grâce, mais c'est déjà la fin de l'amitié intime avec Notre-Seigneur.

La vie d'amour est l'opposé de la tiédeur. Elle n'est pas incompatible avec quelques chutes vénielles ; mais elle est brisée par la lâcheté d'une âme qui accepte sans s'émouvoir le péché véniel et qui y demeure habituellement sans se retourner sérieusement vers Notre-Seigneur, sans se purifier par un acte d'amour et de contrition parfaite.

Le contraste est donc complet entre un ami de Notre-Seigneur et un mercenaire. Le mercenaire veut gagner son salaire sans se gêner beaucoup. Il tâche d'éviter le péché mortel et se soucie peu du reste. L'ami est dévoué, délicat, vigilant. Il tâche d'éviter toute faute volontaire, même vénielle. Si une faute lui échappe, il l'efface de suite par un acte d'amour. Il renouvelle ces actes d'amour plusieurs fois le jour, au moins à l'heure de l'oraison et des examens, s'y excitant par le souvenir de la passion, et peu à peu ces actes lui deviennent faciles et familiers. Il obtient alors cet état d'âme que l'on appelle l'oraison d'affection et qui devrait être commun à toutes les âmes vouées au Sacré-Cœur de Jésus. Dans cet état l'âme est facilement impressionnée par un mouvement d'affection qui la porte vers Notre-Seigneur.

Cette impression vient de la grâce et elle se renouvelle facilement à l'occasion de quelque prière ou de quelque acte de recueillement. C'est une impression de joie ou de douleur suivant les mystères que l'on médite ou les sujets auxquels on s'arrête. C'est toujours une impression d'amour.

Un des fruits de la dévotion au Sacré-Cœur est de mettre facilement les âmes dans cet état d'oraison affective. Il suffit pour cela d'un peu de bonne volonté pour tenir son cœur pur et pour fuir la tiédeur et le péché véniel délibéré.

Dans les commencements, c'est souvent une impression de douleur profonde, excitée par le souvenir des péchés passés. La violence de la douleur est mesurée sur la violence de l'amour. Elle achève la purification de l'âme.

Une autre douleur vient du désir d'obtenir une grâce, d'acquérir une vertu vers laquelle on soupire.

Plus tard la douleur de l'âme provient de la vue de la croix et des souffrances de Notre-Seigneur.

Toutes ces douleurs sont purifiantes et elles sont unies à une joie intime qui règne au fond du cœur.

Ah ! si les âmes savaient le don de Dieu ! si elles savaient combien son joug est doux et son fardeau suave, comme elles se disposeraient par la pureté du cœur et la dévotion au Cœur de Jésus à recevoir ces dons si précieux !

Le Sauveur. – Oui, j'ai mes mains pleines de faveurs célestes. Ouvrez-moi vos âmes, purifiez-les, disposez-les. Je ne puis mettre mes dons que dans des cœurs purs. Venez à moi, vous tous qui avez faim et soif de mon amour, et je vous rassasierai.

AFFECTIONS ET RÉSOLUTIONS

Mon Dieu, que j'ai été insensé jusqu'ici ! Combien j'ai exercé votre patience ! Vous vous teniez à la porte de mon cœur avec vos dons et je ne vous ouvrais pas. Je gardais mon cœur occupé par les créatures et vous n'y pouviez pas entrer. Pardonnez-moi, Seigneur, pardonnez-moi. J'ai un cœur bien dur, bien faible et bien inconstant. Corrigez-le, changez-le, prenez-en possession.

BOUQUET SPIRITUEL

– *Surgam et ibo ad patrem, et dicam ei : Pater, peccavi in cælum et coram te.* (S. Luc, XV)

– *Vidit illum pater et misericordia motus est, et accurens cecidit super collum ejus et osculatus est eum.* (Ibidem)

– Je me lèverai et j'irai à mon père et je lui dirai : Mon père, j'ai péché contre le ciel et contre vous. (Lc 15, 18)

– Son père le vit venir et il fut touché de compassion et il se jeta à son cou et l'embrassa. (Lc 15, 20)

Dix-septième méditation

Sur le recueillement et la vie intérieure

I. Préparation pour la veille

Lecture du saint Évangile : Jn 14

16. Ego rogabo Patrem, et alium Paraclitum dabit vobis, ut maneat vobiscum in æternum. 17. Spiritum veritatis, quem mundus non potest accipere, quia non videt eum nec scit eum. Vos autem cognoscetis eum; quia apud vos manebit et in vobis erit. 18. Non relinquam vos orphanos. Veniam ad vos.

16. Je prierai mon Père, et il vous donnera un autre Consolateur pour qu'il demeure avec vous éternellement. 17. L'Esprit de vérité, que le monde ne peut pas recevoir, parce qu'il ne le voit pas et ne le connaît pas. Mais vous, vous le connaîtrez, parce qu'il demeurera avec vous éternellement. 18. Je ne vous laisserai pas orphelins : je viendrai à vous.

Sommaire. – L'Esprit-Saint, qui est l'Esprit de vérité et d'amour habite en vous. Son règne est au dedans de vous.

Le monde qui ne se recueille pas ne peut pas le voir ni le comprendre. Mais vous, vous le connaissez et vous avez pour lui une docilité filiale.

II. Méditation

1. Lecture du saint Évangile

2. Méditation

I. L'Esprit-Saint habite en vous

Réflexions. – Il est bien clair que pour vivre de la vie d'amour il faut prendre l'habitude de se tourner vers Dieu, de vivre en présence de Dieu, de vivre uni à Dieu, et spécialement de puiser à cette source d'amour qui est la vie du Saint-Esprit en nous.

L'acte d'adoration par lequel le chrétien commence sa méditation du matin doit être par nous renouvelé fréquemment. Il peut se faire par un simple acte de foi et de volonté, ou par un raisonnement pieux, ou encore par l'imagination qui nous représente le trône de la sainte Trinité, le règne de Notre-Seigneur ou quelqu'un de ses mystères. Mais il faut qu'il se fasse.

La vie d'amour n'est qu'une forme de la vie intérieure. Or, la vie intérieure consiste en une douce et amoureuse présence de Dieu. L'âme intérieure est habituellement dans une suave, simple et humble direction vers Dieu dans ses œuvres. Elle tâche de n'agir que sous l'influence et l'impulsion intérieure de Dieu et par son ordre. Elle a toujours pour intention de prouver à Dieu son amour. Elle attend tout de lui, elle ramène tout à lui ; elle voit Dieu en toutes les créatures et toutes les créatures en Dieu.

Son action est paisible, recueillie, pleine de mansuétude, de modestie et d'une douce gravité.

Elle est dans un doux repos entre les bras de son bien-aimé. Son occupation est de le regarder dans son intérieur, d'écouter paisiblement sa voix, d'être fidèle à ses saintes inspirations.

Dans ses rapports avec le prochain, tout est amour divin, paix, zèle, condescendance et humilité. Elle se montre d'une humeur égale et d'une conduite uniforme.

Mais le principe et le point de départ de toute la vie intérieure, c'est la récollection ou le recueillement.

Le recueillement s'opère en fixant son attention vers Dieu dans une vue de foi quelconque. L'union à Dieu par amour en résulte tout spontanément.

La récollection peut être le fruit d'une grâce spéciale et puissante, qui attire toutes les puissances de l'âme ; mais le plus souvent elle résulte d'un état de fidélité habituelle de l'âme à la grâce divine. On comprend que dans ce cas l'âme est facilement impressionnée de Dieu, puisque Dieu est l'objet vers lequel elle tend habituellement et dans lequel sont concentrées toutes ses affections.

Au commencement, il faut une volonté bien déterminée et un certain travail, parce que l'affection du cœur est encore partagée, l'amour de Dieu est faible et l'âme a encore l'habitude de se porter vers les créatures.

Avec une volonté ferme, il faut un certain travail, une certaine industrie, pour arrêter les divagations de l'imagination, lui donner de la pâture et nourrir les affections du cœur.

Mais nos efforts sont aidés par la grâce, et si nous sommes généreux nous acquérons bientôt l'habitude du recueillement qui est une vraie pierre philosophale, capable de changer tout le vil métal de nos actes naturels dans l'or pur de la charité.

Le Sauveur. – Paix aux hommes de bonne volonté. Venez à moi et je vous accueillerai et je vous donnerai audience et je vous inviterai à vous reposer sur mon Cœur. Venez et goûtez combien votre divin Pasteur est bon et généreux.

II. Le monde ne le connaît pas

Le monde, qui ne se recueille pas, ne peut ni connaître ni comprendre l'esprit d'amour.

L'attachement aux créatures et l'habitude d'une vie toute naturelle sont des obstacles au recueillement et à la vie d'amour. Dans cet état, une âme ne se tournant pas vers Dieu, comment en recevrait-elle le don de l'amour ? Dans la parabole du semeur, l'âme dissipée et trop adonnée à la vie naturelle est représentée par le grand chemin, ou le terrain pierreux, ou encore le terrain couvert de broussailles. C'est en vain que le bon grain est jeté sur ces terrains ingrats, il ne porte pas de fruits.

Les premiers chrétiens aimaient à représenter aux Catacombes de Rome le Bon Pasteur entouré de brebis. Les unes se tournent affectueusement vers lui et reçoivent la rosée de sa grâce. Les autres regardent vers la terre ou au loin et ne reçoivent rien. Ces brebis représentent d'un côté les âmes recueillies et unies à Dieu, et de l'autre les âmes dissipées ou absorbées par le souci des choses terrestres.

Comment les âmes dissipées recevraient-elles le don de l'amour ? Si elles se tournent quelquefois vers Dieu, par exemple dans la méditation et la prière, c'est avec légèreté et d'une manière superficielle, ou bien c'est avec nonchalance et indifférence. Leur méditation est sans vigueur, sans goût et sans saveur ; les distractions y sont continuelles.

Elles ne prennent pas les moyens nécessaires, qui sont : de bien commencer, en se rendant la sainte présence de Dieu aussi vive et aussi sensible que l'on peut ; d'entrer dans les sentiments d'humilité qui conviennent à un pécheur en présence de la sainteté de son Dieu ; de se disposer à recevoir les grâces de ce Dieu par le détachement de soi-même et des créatures.

En résumé, ces âmes restent du monde, de ce monde que Notre-Seigneur n'aime pas et dont il a dit : « Je ne suis pas de ce monde. – Le monde ne connaît pas le Saint-Esprit. »

L'attache aux créatures, à certaines personnes ou à certaines jouissances naturelles est un obstacle aussi absolu que la dissipation.

Cette attache embarrasse le cœur, elle l'amollit, elle lui enlève la véritable ferveur ; elle met dans l'âme une certaine disposition de froideur envers Dieu.

L'attache à soi-même est pire encore. Elle met sans cesse enjeu l'orgueil, ou la lâcheté, ou la sensualité.

Il faut donc agir avec générosité et avec énergie contre ces mauvaises dispositions. Répétons-le encore : Notre-Seigneur ne peut pas se prêter à partager un cœur avec les créatures, c'est indigne de lui. Il veut tout notre cœur et ne nous permet d'aimer les créatures qu'en lui et selon sa loi.

Le Sauveur. – Mon fils, donne-moi ton cœur. Donne-le-moi tout entier. Donne-le-moi par une vie réglée, avec des moments de récollection par lesquels tu te prépareras à la vie d'union et d'amour à laquelle je veux t'élever, si tu es fidèle.

III. Mais vous, vous connaissez l'esprit d'amour

La divine Sagesse, qui est l'esprit d'amour, ne se dérobe pas à ceux qui la cherchent. Elle-même va au devant d'eux et cherche des âmes de bonne volonté où elle puisse se reposer ; « *dignos seipsa circuit quærens[1]* » (Sg 6, 16).

Laissez-vous donc conduire par cet esprit d'amour. Il faut qu'il devienne l'âme et la vie de vos actions.

Les biens qu'il vous promet et qu'il vous procurera sont innombrables : le bonheur surnaturel, même au milieu des contradictions ; une vie pure, la haine du moindre péché ; une grande confiance pour votre salut ; des œuvres remplies de grâces et de mérites devant le Seigneur ; une grande force pour entreprendre et exécuter ce que Dieu demande de vous.

Pour vous affermir dans cet esprit et y progresser, fuyez tout ce qui est dissipant : les sociétés bruyantes et l'agitation du monde. Fuyez tout ce qui amollit l'âme et tout ce qui flatte les sens : faites quelques mortifications. Ayez en tout une règle bien déterminée. Confiez votre âme à un directeur bien uni à Dieu.

Ce n'est pas tout encore : ayez souvent devant les yeux Jésus et Marie ; faites des actes fréquents

---

[1] - *Ceux qui sont dignes d'elle, elle-même va partout les chercher.*

d'amour, d'humilité, d'offrande de vous-mêmes, de soumission et d'abandon entre les mains de Notre-Seigneur. Laissez-vous bien conduire par les mouvements intérieurs de la grâce. Agissez plus souvent par motif d'amour que par tout autre. Nourrissez-vous de l'Écriture sainte.

Soyez souples, dociles, dispos entre les mains de Dieu. Allez à Notre-Seigneur plus encore par la volonté que par l'esprit. Les actes vous avanceront plus que les spéculations de l'entendement.

Que le bon plaisir divin soit toute votre règle, toute votre vie, toute votre préoccupation : « *Domine, quid me vis facere ?* – Seigneur, que voulez-vous que je fasse ? » (Ac 9, 6)

Le Sauveur. – Mon Cœur et celui de ma Mère doivent être le grand livre de votre sanctification. Considérez mes dispositions, mes affections, mes sentiments pour vous y conformer. Mon apôtre, saint Paul, vous l'a dit souvent, je dois être pour vous un modèle, un miroir. Vous devez vous revêtir pour ainsi dire de ma personnalité, entrer dans mes sentiments et reproduire ma vie : « *Induimini Jesum Christum.*[1] » (Rm 13, 14)

AFFECTIONS ET RÉSOLUTIONS

Mon bon Maître, je veux désormais vous prendre pour mon seul maître et mon seul ami. Je vous consacre ma pensée, mon cœur, mes affec-

---

[1] - *Revêtez Jésus Christ.*

tions, ma volonté. Acceptez cette offrande. Prenez-moi à votre service. Ne permettez plus que je me sépare de vous.

BOUQUET SPIRITUEL

– *Rogabo Patrem et alium Paraclitum dabit vobis ut maneat vobiscum in æternum. (S.* Joan. XIV)

– *Apud vos manebit et in vobis erit.* (Ibidem)

– *Quicumque Spiritu Dei aguntur, ii sunt filii Dei.* (Ad Rom.)

– Je prierai mon Père et il vous donnera un autre Consolateur qui demeurera avec vous pour toujours. (Jn 14, 16)

– Il demeurera avec vous et il sera en vous. (Jn 14, 17)

– Ceux qui sont conduits par l'esprit de Dieu, ceux-là sont les fils de Dieu. (Rm 8, 14)

Dix-huitième méditation

Sur l'oraison

I. Préparation pour la veille

Lecture du saint Évangile : Mt 11

27. Omnia mihi tradita sunt a Patre meo. Et nemo novit Filium nisi Pater : neque Patrem quis novit, nisi Filius et cui voluerit Filius revelare. 28. Venite ad me omnes qui laboratis et onerati estis, et ego reficiam vos. 29. Tollite jugum meum super vos et discite a me, quia mitis sum et humilis corde : et invenietis requiem animabus vestris. 30. Jugum enim meum suave est et onus meum leve.

27. Tout m'a été remis par mon Père. Personne ne connaît le Fils, que le Père ; et qui connaît le Père, si ce n'est le Fils et ceux à qui le Fils veut bien le faire connaître ? 28. Venez à moi vous tous qui êtes dans les labeurs et les peines et je vous soulagerai. 29. Prenez mon joug, et apprenez de moi que je suis doux et humble de cœur et vous trouverez le repos pour vos âmes. 30. Car mon joug est doux et mon fardeau est léger.

Sommaire. – Notre-Seigneur est notre médiateur pour la vie intérieure comme pour le salut.

C'est à lui qu'il faut aller pour le connaître et pour connaître son Père.

La connaissance de Notre-Seigneur conduit à son amour et fait naître la ferveur.

Mais la ferveur est un don de Dieu qu'il faut désirer ardemment et demander avec persévérance.

Il faut entretenir et développer la ferveur par l'oraison, par le sacrifice et la générosité.

II. Méditation

1. Lecture du saint Évangile

2. Méditation

Le disciple. – Seigneur, vous êtes mon Dieu et mon tout, vous êtes la voie, la vérité et la vie. Vous êtes la lumière qui illumine toutes les âmes. Enseignez-moi les règles de la vie intérieure. Que ferai-je pour apprendre à vous aimer ?

I. La connaissance de Notre-Seigneur doit être le fond de la vie intérieure, elle conduit à son amour

Réflexions. – C'est en vain qu'on vous demanderait de faire des actes et des démonstrations d'amour, si on ne vous enseignait pas d'abord à bien affermir l'amour dans votre cœur. L'action comme la parole dérive du cœur. Ce sont les dispositions du cœur qu'il faut cultiver d'abord. La vie intérieure précède l'action. Le feu de la charité doit être allumé et entretenu dans le cœur pour que les actes de la vie soient accomplis dans l'esprit de charité, sinon l'âme retombe bien vite dans la vie naturelle : « *Aruit cor meum quia oblitus sum comedere panem meum*[1]. » (Ps 101, 5)

Pour entretenir et développer la vie intérieure, la règle prescrit une méditation tous les matins. Des lectures spirituelles et des conférences aident aussi à guider l'âme et à la soutenir.

Le but de tous ces exercices, c'est de remplir l'esprit de pensées salutaires et de ranimer la ferveur. On cherche, par ces moyens, à ranimer la foi, à rappeler la nécessité de purifier ses intentions. Il faudrait, pour les âmes vouées au Sacré-Cœur, que tous ces exercices convergeassent vers un but unique : le faire aimer.

L'amour pour Notre-Seigneur résume et concentre tout.

Celui qui le connaît et qui l'aime connaît et aime son Père. On ne va à son Père que par lui. Le livre par excellence dans lequel doivent lire les âmes vouées à son Cœur, c'est donc son Cœur sacré lui-même. Il doit être le centre unique auquel elles rapporteront non seulement tous

---

[1] - *Mon cœur sèche parce que j'oublie de manger mon pain.*

leurs actes extérieurs mais aussi leurs vertus, leurs pensées, leurs affections, les préoccupations de leurs cœurs.

Il doit être leur unique modèle. En méditant sur les vertus de pauvreté, de chasteté et d'obéissance, on rapportera cette étude au Sacré-Cœur. On méditera la manière dont il a pratiqué ces vertus. L'habitude d'étudier le Sacré-Cœur comme modèle, aidera à l'aimer davantage.

On s'attachera dans ces méditations à voir dans ce Cœur sacré débordant d'amour pour son Père et pour les hommes le seul inspirateur de tous ses sacrifices.

Les mystères de l'Incarnation et de la Rédemption doivent être aussi médités avec soin. On y verra la tendresse et la générosité sans bornes de l'amour du Sacré-Cœur. Les cœurs généreux ne pourront s'arrêter à la méditation de ces mystères sans se sentir touchés. Notre-Seigneur enflammera ces cœurs aimants et il répondra à leurs élans généreux par les grâces les plus précieuses.

Ajoutez à cela des considérations sur les bienfaits que Notre-Seigneur ne cesse de répandre par les sacrements. Vous avancerez dans son amour à mesure que vous connaîtrez mieux ses titres à votre reconnaissance.

Enfin quelque vertu que vous étudiiez, cherchez-en toujours le modèle dans la vie de Notre-Seigneur. Par ces moyens, vous arriverez sans effort à passer votre vie dans son Cœur, parce qu'il sera l'unique objet de vos préoccupations, de vos pensées, de vos souvenirs, de vos affections. Cette union avec lui résumera les autres règles de vie intérieure : la présence de Dieu, l'esprit de foi, la pureté d'intention.

Le Sauveur. – Les âmes ainsi unies à moi vivront habituellement dans mon amour et je pourrai, s'il me plaît et par un don tout gratuit, les élever à un degré supérieur d'amour, à l'amour d'épouse ou d'abandon total, degré dans lequel on n'aime pas seulement par reconnaissance, mais on aime avec un parfait désintéressement, on aime parce qu'on aime, on m'aime pour moi-même et pour me procurer le bonheur de me sentir aimé. Ce degré d'amour ne s'acquiert pas par le raisonnement. Il est l'œuvre de la grâce de mon Cœur qui le dépose dans les cœurs tendres et assez généreux pour s'oublier eux-mêmes.

II. La ferveur est un don de Dieu qu'il faut désirer ardemment et demander avec persévérance

Réflexions. – Il ne faut pas oublier que la première disposition à mettre dans son esprit ou plutôt dans son cœur pour bien mener la vie intérieure, c'est le désir même d'aimer Notre-Seigneur. Lorsqu'une âme est vivement touchée de ce désir, Notre-Seigneur la comble de grâces. Il se plaît à rassasier ceux qui ont faim et soif de l'aimer :

« *Ego sitienti dabo de fonte aquæ vitæ gratis[1].* » (Ap 21, 6)

La très Sainte Vierge désirait si vivement la venue du Messie que ses désirs ont été rassasiés au-delà même de ses espérances. Son cœur était rempli de ce sentiment lorsqu'elle disait avec reconnaissance : « *Esurientes implevit bonis.* – Il remplit de grâces ceux qui ont soif de son amour. » (Lc 1, 53)

Comment le désir d'aimer Notre-Seigneur ne le toucherait-il pas, lui qui désire tant d'être aimé ? Il se tient à la porte des cœurs et il frappe : « *Ecce sto ad ostium et pulso[2].* » (Ap 3, 20) Il demande qu'on lui ouvre ce cœur auquel il tient tant : « *Aperi mihi, soror mea, quia caput meum plenum est rore[3].* » (Ct 5, 2) Il attend, la chevelure pleine de la rosée de la grâce, qu'on lui donne accès dans ce cœur que son amour convoite. Mais il ne peut entrer de force dans une âme. Il appelle, en suggérant de douces inspirations. Si l'âme reste indifférente, si elle ne prête pas l'oreille à ses sollicitations, si elle ne désire pas le recevoir, que peut-il faire ? Cependant il désire d'un grand désir entrer dans les cœurs. Il trouve son bonheur à se communiquer, à donner des grâces. Dès qu'une

---

[1] - *A celui qui a soif, moi je donnerai de la source de vie, gratuitement.*
[2] - *Voici que je me tiens à la porte et je frappe.*
[3] - *Ouvre-moi, ma sœur, parce que j'ai la tête couverte de rosée.*

âme le désire, il est prêt à la rassasier : « *Si quis sitit, veniat ad me et bibat.*[1] » (Jn 7, 37)

Le Sauveur. – Un cœur qui veut à tout prix m'aimer et me témoigner son amour me cherche partout. Lorsqu'il sent une touche de ma grâce, il peut dire comme l'épouse du Cantique : « *Anima mea liquefacta est, ut locutus est*[2]. » (Ct 5, 6) Ces touches passagères le remuent profondément, enflamment ses affections. Il me cherche encore. Quelquefois il ne me retrouve plus. Il m'appelle et je ne réponds pas. Je me dérobe pour un temps afin d'éprouver la constance de son amour. Lorsqu'un cœur est vraiment désireux de posséder mon cœur, ces épreuves, loin de refroidir son amour ne font que l'enflammer. Mon souvenir envahit tellement tout son être, qu'il me cherche même dans le sommeil : « *In lectulo meo per noctem quæsivi quem diligit anima mea*[3]. » (Ct 3, 1)

III. Il faut entretenir et développer la ferveur par l'oraison, par le sacrifice et la générosité

Réflexions. – Le désir d'aimer Notre-Seigneur ne produit pas seulement des sentiments sans consistance, il donne la force de pratiquer ce que Notre-Seigneur demande.

---

[1] - *Si quelqu'un a soif, qu'il vienne à moi et qu'il boive.*
[2] - *Mon cœur s'est fondu lorsqu'il m'a adressé la parole.*
[3] - *Sur mon lit, la nuit, j'ai cherché celui que mon cœur aime.*

Ceux qui l'aiment avec générosité souffrent même de n'avoir pas assez d'occasions de lui témoigner leur amour. Leur règle quotidienne leur paraît légère, ils n'en sentent pas le poids et ils voudraient avoir davantage à lui offrir. Leurs directeurs devront même souvent modérer leur ardeur et leur rappeler qu'ils seront plus agréables à Notre-Seigneur en obéissant qu'en prenant sur eux de lui offrir ce qu'on leur défend.

Lorsqu'une âme est ainsi travaillée par l'amour du Sacré-Cœur, il faut bien veiller à ne point laisser refroidir cette ardeur. Il faut la nourrir, il faut lui donner un aliment qui l'entretienne autant que possible au même degré. Il faut lui donner une double règle, l'une pour l'action, l'autre pour la vie intérieure. Pour l'action, c'est le soin délicat d'offrir tous ses actes à Notre-Seigneur et de s'acquitter avec perfection de tout ce qui est demandé dans le but de lui être agréable. Pour la vie intérieure, il faut tenir son âme unie à Notre-Seigneur et toujours prête à recevoir ses communications. Il faut spécialement s'acquitter des exercices de piété avec tout le recueillement, la modestie et l'attention dont on est capable. Le saint office, la sainte messe bien préparée et bien célébrée sont des sources toutes spéciales de ferveur.

Le Sauveur. – Il ne manque pas de moments dans la journée où l'on peut laisser son cœur s'épancher à l'aise dans le mien : pendant la méditation ; pendant l'action de grâces qui suit le saint sacrifice ; dans les temps libres ; le soir surtout en se mettant au lit ; la nuit lorsqu'on se réveille ; le matin en renouvelant, dès son lever, l'oblation de soi-même ; dans les allées et venues silencieuses ; celui qui m'aime ardemment trouve toujours le moyen de me dire son amour et moi je suis toujours prêt à m'entretenir avec lui.

AFFECTIONS ET RÉSOLUTIONS

Bon Maître, je désire, je veux vous aimer, aidez-moi. Je me consacre de nouveau tout entier à votre divin Cœur. J'entretiendrai le feu sacré de l'amour dans mon cœur par l'oblation exacte de mes actions et en pensant habituellement à vous, comme vous me l'avez enseigné.

BOUQUET SPIRITUEL

– *Ego sitienti dabo de fonte aquæ vitæ gratis.* (Apoc. XXI)

– *Ecce sto ad ostium et pulso.* (Apoc. III)

– *Aperi mihi, soror mea, quia caput meum plenum est rore.* (Cant. V)

– Celui qui a soif, je me plais à lui donner l'eau de la source vivifiante. (Ap 21, 6)

– Je me tiens à la porte et je frappe. (Ap 3, 20)

– Ouvre-moi, ma sœur, parce que j'ai la tête couverte de rosée. (Ct 5, 2)

Dix-neuvième méditation

Sur les oraisons jaculatoires

I. Préparation pour la veille

Lecture du saint Évangile : Lc 18

1. Dicebat autem et parabolam ad illos, quoniam oportet semper orare et non deficere ; 2. Dicens : judex quidam erat in quadam civitate, qui Deum non timebat et hominem non reverebatur. 3. Vidua autem quædam erat in civitate illa, et veniebat ad eum dicens: Vindica me de adversario meo. 4. Et nolebat per multum tempus. Post hæc autem dixit intra se : Etsi Deum non timeo nec hominem revereor, 5. Tamen quia molesta est mihi hæc vidua, vindicabo illam ne in novissimo veniens sugillet me. 6. Ait autem Dominus : Audite quid judex iniquitatis dicit. 7. Deus autem non faciet vindictam electorum suorum clamantium ad se die ac nocte ? et patientiam habebit in illis ?

1. Jésus leur dit aussi cette parabole pour leur montrer qu'il faut toujours prier et ne pas cesser ; 2. Il leur dit : Il y avait un juge dans une ville qui ne craignait pas Dieu et ne respectait pas les hommes. 3. Mais une veuve de la ville vint à lui et lui dit : Faites-moi rendre justice par mon adversaire. 4. Il résista longtemps. Mais ensuite il se dit : Quoique je ne craigne pas Dieu et n'aie point

d'égard aux hommes. 5. Cependant comme elle m'obsède, je vais lui faire rendre justice, de peur qu'à la fin elle ne vienne m'insulter. 6. Notre-Seigneur ajouta : Vous entendez ce que dit un juge inique. 7. Et Dieu ne prendrait pas la défense de ses élus qui crient vers lui jour et nuit ! et il les laisserait crier !

Sommaire. – Les oraisons jaculatoires sont bien importantes ; elles forment avec l'oraison un des fondements de la vie intérieure.

Ce sont des cris d'amour, de prière, de reconnaissance.

Elles unissent les cœurs à Notre-Seigneur et les échauffent de plus en plus.

II. Méditation

1. Lecture du saint Évangile

2. Méditation

Le disciple. – Bon Maître, enseignez-moi à recourir constamment à vous par ces cris d'amour qui étaient si habituels à vos saints. Ne devrais-je pas toujours penser à vous et converser avec vous ?

I. De l'importance des oraisons jaculatoires

Réflexions. – Notre-Seigneur désire que ses amis s'habituent à penser à lui sans effort, pour arriver à cette union permanente qui le fait vivre dans les cœurs et qui fait vivre les cœurs en lui. Toute la vie intérieure doit être réglée en vue de lui, tout doit être rapporté à lui.

Après l'oraison, il y a encore un moyen puissant de s'élever à cette union continuelle du cœur avec Notre-Seigneur, c'est l'habitude des oraisons jaculatoires. Il est nécessaire de contracter cette habitude dès le début de la vie intérieure. Une fois l'habitude prise, les actes se produiront sans effort, sans contention d'esprit.

Pour contracter cette habitude, il suffit d'aimer un peu Notre-Seigneur, d'éprouver pour lui une affection réelle. Son nom vient facilement sur les lèvres de ceux dont il remplit les cœurs.

Le Sauveur. – Oui, il est naturel aux cœurs aimants de dire : « Jésus, je vous aime. – Mon Dieu, je me repens de vous avoir offensé. » Mais chacun peut suivre pour les oraisons jaculatoires les inspirations de son cœur et les impulsions de la grâce. Ce que je demande, c'est qu'on pense habituellement à moi et qu'on prenne l'habitude des invocations faites du fond du cœur.

II. Ce sont des cris d'amour, de prière, de reconnaissance

Réflexions. – Les saints mettaient leur bonheur à adresser à Notre-Seigneur de fréquentes invocations toutes brûlantes d'amour pour lui. Relisez l'histoire de saint François d'Assise, de sainte Thérèse, de sainte Catherine de Sienne, vous y verrez que les flammes d'amour dont brûlaient leurs cœurs s'échappaient de leurs lèvres en invocations fréquentes, comme celles-ci : « Ô Jésus, vous êtes mon amour ! – Ô Jésus, accordez-moi la grâce de mourir d'amour pour vous ! – Ô Jésus, donnez-moi la grâce de vous aimer tous les jours de plus en plus. » C'est que celui qui aime véritablement Notre-Seigneur ne peut jamais se rassasier de lui dire son amour. C'est pour lui un besoin si impérieux, qu'il souffre de ne pouvoir dire cet amour comme il le voudrait. Mais faut-il attendre que l'on sente en soi cet amour ardent pour se livrer à la pratique de ces oraisons ? Non, cette pratique elle-même, contractée d'abord avec le seul désir d'aimer Notre-Seigneur amène rapidement à l'aimer, car ces traits l'atteignent, ils le touchent et il y répond par des grâces. Comment ne répondrait-il pas par des grâces d'amour à ceux qui lui demandent la grâce de l'aimer ; ils lui demandent ce qu'il désire le plus leur accorder. Il ne désire rien tant que d'être aimé. Il se fait mendiant pour obtenir l'affection d'un cœur.

La plainte d'une âme qui gémit de ne pas l'aimer comme elle le voudrait touche aussi profondément son Cœur et l'incline vers elle.

Ces dispositions appellent les dons de la grâce. Elles ont aussi l'avantage de maintenir l'âme en union avec Notre-Seigneur. C'est cette union des cœurs avec le sien qu'il désire tant obtenir. C'est pour l'obtenir qu'il veut répandre le règne de son Cœur.

Mais ce genre d'oraisons ne s'applique pas seulement aux traits ardents de l'amour. Par elles on demande à Notre-Seigneur son secours dans les épreuves, on lui demande la grâce de supporter les souffrances. Un « *Fiat voluntas tua*[1] *!* » (Mt 6, 10) échappé d'un cœur angoissé par la souffrance est une oraison de très grand prix à ses yeux et aux yeux de son Père. Lorsque le saint homme Job apprit tous les malheurs qui le frappaient, il s'écria : « Mon Dieu, ce que vous m'aviez donné, vous me l'avez repris, que votre saint nom soit béni ! » (cf. Jb 1, 21) Une épreuve très pénible, reçue ainsi avec une oraison partie du cœur vaut plus pour l'âme que tous les trésors de la terre.

C'est dans l'épreuve qu'on sent plus vivement le besoin de s'entretenir avec Notre-Seigneur, de lui dire sa peine, de lui demander une grâce de force. Un élan du cœur établit en un instant cette communication intime avec son Cœur.

---

[1] - *Que ta volonté soit faite !*

C'était la pratique de tous les saints. Ils ne tardaient pas à l'invoquer, de peur qu'il ne tardât lui-même à les secourir. Cette précieuse habitude est essentielle à tous ceux qui veulent vivre dans un commerce plein d'affection avec lui.

L'oraison jaculatoire est encore toute indiquée comme expression de reconnaissance pour les bienfaits que l'on reçoit. Si l'on a reçu un secours dans un besoin pressant, si l'on a vaincu une tentation ou triomphé d'une difficulté, si l'on a eu quelque succès dans une entreprise de l'ordre temporel ou spirituel, laissera-t-on passer cette occasion de témoigner sa reconnaissance ?

Le Sauveur. – Celui qui m'aime sincèrement, me mêle tellement à tout ce qu'il fait, qu'il n'a pas besoin de réfléchir et de raisonner pour me dire la reconnaissance de son cœur. Cette reconnaissance éclate par un trait d'amour. Les saints allaient plus loin ; ils me remerciaient non seulement de leurs succès, mais aussi de leurs insuccès, parce qu'ils y voyaient une épreuve voulue ou permise par moi pour les tenir dans l'humilité.

Je voudrais donc que cette habitude des oraisons jaculatoires fût si profondément enracinée chez ceux qui sont voués à mon amour, que leurs lèvres en arrivent à murmurer comme d'elles-mêmes quelque parole affectueuse pour moi. Ce serait le moyen par excellence de mettre en pratique le vœu du psalmiste : « *Meditatio cordis mei in conspectu tuo semper.* – Les sentiments de mon cœur sont toujours sous vos yeux. » (Ps 18, 15)

III. Fruits de cette habitude : elle unit les cœurs à Notre-Seigneur et les échauffe de plus en plus

Réflexions. – Cette habitude d'oraison est tout à la fois un fruit et un moyen de vie intérieure. Les maîtres de la vie spirituelle recommandent les actes de foi fréquente et l'exercice de la présence de Dieu. La pratique de l'oraison jaculatoire obtient aisément cette double fin. Elle fait plus que de donner l'habitude de la présence de Notre-Seigneur, en donnant celle des élans du cœur, de l'union, du commerce intime et continuel avec lui. Il se plaît à écouter ces invocations, parce que le cœur y a souvent une part plus grande même que dans les prières liturgiques où la routine se glisse très souvent. On rachète par là beaucoup de négligences.

Lorsque dans l'oraison du matin l'âme est aride, lorsqu'on ne peut pour une raison ou pour une autre suivre le sujet proposé, un excellent moyen de tirer quelque fruit de cet exercice, c'est encore l'oraison jaculatoire. Souvent une âme restée froide et sèche pendant une grande partie de l'oraison, se ranime soudain par une oraison jaculatoire dans laquelle elle dit sa peine de se sentir si froide.

Le Sauveur. – Souvent je réponds à ces plaintes candides par une touche de grâce, et dans tous les cas l'oraison ainsi faite produit son fruit, car elle atteint mon Cœur.

AFFECTIONS ET RÉSOLUTIONS

Oui, mon bon Maître, vous avez tout fait pour gagner nos cœurs et c'est encore pour atteindre ce but que vous nous avez enseigné les oraisons jaculatoires. Vous le disiez bien dans la parabole de la pauvre veuve qui en appelle à son juge : combien serons-nous mieux écoutés de vous que des puissants de la terre, soit que nous réclamions votre secours, soit que nous vous disions notre amour et notre reconnaissance !

Puisque j'ai là un sûr moyen de gagner votre Cœur et de m'unir à lui, j'en userai désormais et je m'en ferai une habitude incessante.

BOUQUET SPIRITUEL

– *Meditatio cordis mei in conspectu tuo semper.* (Ps. 18)

– *Deus non faciet vindictam electorum suorum clamantium ad se die ac nocte ?* (Luc, 18)

– *Sine intermissione orate.* (I Thess. 5)

– *Prope est Dominus omnibus invocantibus eum.* (Ps. 144)

– Les pensées de mon cœur vous sont toujours présentes. (Ps 18, 15)

– Est-ce que Dieu ne protégerait pas ses élus qui crient vers lui jour et nuit ? (Lc 18, 7)

– Priez sans cesse. (1 Th 5, 7)

– Dieu s'approche de ceux qui l'invoquent. (Ps 144, 18)

Vingtième méditation

Foi et confiance

I. Préparation pour la veille

Lecture du saint Évangile : Jn 8

25. Dicebant ergo ei : Tu quis es ? Dixit eis Jesus : Principium, qui et loquor vobis. 26. Mulla habeo de vobis loqui, et judicare, sed qui me misit verax est : et ego, quæ audivi ab eo, hæc loquor in mundo. 27. Et non cognoverunt quia Patrem ejus dicebat Deum. 28. Dixit ergo eis Jesus : Cum exaltaveritis Filium hominis, tunc cognoscetis quia ego sum, et a meipso facio nihil, sed sicut docuit me Pater, hæc loquor. 29. Et qui misit me, mecum est, et non reliquit me solum: quia ego, quæ placita sunt ei, facio semper.

25. On lui disait : Qui êtes vous ? Jésus leur dit : Moi qui vous parle, je suis le Principe. 26. J'ai beaucoup à dire et à juger à votre sujet ; et celui qui m'a envoyé est véridique : et moi, ce que j'ai entendu de lui, je le dis au monde. 27. Et ils ne comprirent pas qu'il parlait de Dieu son Père. 28. Jésus leur dit encore : Quand vous aurez élevé de terre le Fils de l'homme, vous comprendrez qui je suis et que je ne fais rien de moi-même, mais je parle comme mon Père m'a enseigné. 29. Et celui qui m'a envoyé est avec moi, et il ne

m'a pas laissé seul : parce que je fais toujours ce qui lui est agréable.

Sommaire. – La vie d'amour est une vie de foi en celui que nous aimons. Il n'y faut pas rechercher les desseins de Dieu, mais il faut nous laisser conduire par les chemins ardus où il peut nous mener.

La vie d'amour exclut aussi les regards inquiets sur nous-mêmes et sur nos progrès. Ce serait une occasion d'amour-propre.

Elle demande encore que nous allions à Dieu avec confiance, même à travers les tentations et les délaissements.

II. Méditation

1. Lecture du saint Évangile

2. Méditation

Le disciple. – Bon Maître, enseignez-moi tous les secrets de la vie d'amour ; apprenez-moi à marcher par cette voie où je veux vous chercher toujours sans me détourner jamais de vous.

I. La vie d'amour est une vie de foi en la conduite de celui que nous aimons

Réflexions. – Si vous voulez vous engager dans cette voie, il y a trois règles à suivre pour ne pas vous y égarer.

La première est d'aller à Notre-Seigneur avec foi en sa conduite et en la direction qu'il donne à votre vie. Si vous l'aimez, vous lui devez ce respect de ne pas juger la conduite qu'il tient à votre égard. Vous ne devez pas lui demander compte de la manière dont il vous traite. Vous devez à son infinie sagesse d'être persuadé qu'il ne se méprend pas dans ses mesures pour assurer sa gloire et votre sanctification. Vous devez aussi à son infinie bonté de croire que ses rigueurs même, s'il en exerce, vous sont nécessaires et ont pour fin votre véritable bien.

Quand vous vous donnez à lui, que lui présentez-vous ? des maux à guérir, mais des maux que vous connaissez très imparfaitement et dont vous ignorez la cause profonde ; des maux que vous chérissez au moins dans leur principe et dont vous craignez d'être délivrés. De tels malades ne doivent-ils pas s'en rapporter pour leur guérison à un médecin dont la science, dont la sagesse, dont la bonté sont sans bornes ? Doivent-ils être surpris qu'il découvre en eux des maux qui échappaient à leur connaissance, qu'il en sonde la profondeur, qu'il y applique le fer et le feu, qu'il entreprenne d'en extirper jusqu'à la racine ? et peut-il en venir à bout sans les faire beaucoup souffrir ?

La voie de l'amour est une voie de foi et par conséquent obscure et ténébreuse. On y marche à l'aveugle sans savoir où l'on est conduit.

Le Sauveur. – Quand mon Père enjoignit à Abraham de lui immoler Isaac, l'enfant de la promesse, de qui devait sortir un jour le Messie, si Abraham eût raisonné sur cet ordre en apparence si étrange, il n'eût pas accompli ce grand sacrifice, qui lui valut des promesses et des bénédictions spéciales. Il se serait rendu indigne de son beau titre de Père des croyants. Dans toute ma vie, je vous ai donné le même exemple, j'ai accompli avec confiance la volonté de mon Père.

II. La vie d'amour exclut les regards inquiets sur nous-mêmes et sur nos progrès

Réflexions. – Le même motif de foi et d'abandon vous défend aussi de vous juger vous-mêmes, de chercher à connaître le fond de votre état et à savoir si vous faites des progrès, si Dieu est content de vous. En toutes ces réflexions et en tous ces regards inquiets sur vous-mêmes, il y a péril d'amour-propre. Vous courez risque de vous tromper, soit que la présomption vous porte à vous flatter, ou la pusillanimité à juger de vous peu favorablement. Contentez-vous du témoignage de votre directeur et du témoignage intime de la grâce aux moments d'union avec Dieu.

Notre-Seigneur ne manque jamais au besoin de rassurer une âme autant qu'il le faut pour la soutenir et la faire marcher. S'il ne le fait pas lui-même, c'est qu'il veut s'en rapporter à celui qui tient sa place.

Dans les commencements de la vie intérieure, on n'a pas ces difficultés. La douce paix que l'on goûte et qui est habituelle, ne laisse aucun lieu de douter que l'on soit bien avec Dieu. Mais quand Notre-Seigneur s'absente pour longtemps, quand les sécheresses, les tentations, les désolations intérieures surviennent, on commence à craindre de n'être pas dans la bonne voie, on s'examine avec inquiétude, on appréhende d'entrer dans le sentier obscur et étroit de la foi et du pur amour. Il est dangereux alors de se juger, vu la disposition où l'on est, en ces moments de trouble, d'écouter plutôt l'imagination, l'amour-propre et le démon, que la raison, le directeur et Dieu lui-même.

Le Sauveur. – Oui, suivez-moi, sans regarder en arrière, sans trop vous regarder vous-même. Suivez-moi avec foi et avec confiance. Cette règle sera votre paix et votre sûreté. Suivez ma volonté comme je suivais celle de mon Père.

III. La voie d'amour demande encore qu'on aille à Dieu avec confiance, même dans les tentations et délaissements

Réflexions. – La troisième règle est de ne s'effrayer d'aucun danger, d'aucune tentation, d'aucun délaissement apparent. Il faut s'y résoudre généreusement et compter sur le secours divin. La bonne volonté est invincible. Que ne fait pas le démon, de concert avec l'amour-propre, pour vous retirer de la voie ? Il ne vous montre parfois que des précipices, des péchés et des sacrilèges. Il s'efforce de vous ôter la ressource de votre guide en vous prévenant contre lui. Parfois votre âme obsédée de tentations s'imagine y avoir consenti, au point qu'elle en est comme persuadée. En pareil cas, votre âme ne doit pas s'arrêter à son propre jugement, mais s'en tenir à celui de son directeur. Cela ne suffit pas ; il faut qu'elle passe par-dessus cette imagination, qu'elle la méprise, qu'elle se fasse une loi de la rejeter avec plus de force que la tentation même, qui est moins dangereuse pour elle. Quoi que dise le directeur, on n'est pas toujours pleinement rassuré. Il ordonne de communier, la crainte de faire un sacrilège se présente alors à l'esprit. Il faut pourtant avoir assez de courage pour obéir malgré cette crainte, qui va croissant jusqu'au moment de la sainte communion. Quand vous aurez reçu Notre-Seigneur, elle disparaîtra et vous laissera libres et tranquilles avec lui.

Il vous en coûtera, surtout les premières fois, pour faire cet effort. Si vous cédez, le démon aura ce qu'il veut, il prendra de l'empire sur votre volonté et vous serez réduits à lui céder toujours, ou il en faudra venir enfin à le terrasser.

Que faire de même, lorsque le tentateur vous met à l'esprit que votre guide vous perd ? Redoubler de confiance en lui, et en venir, s'il le faut, à cette grande résolution : « Eh bien, qu'il me perde, pourvu que j'obéisse. » Ce parti paraît extrême, il n'y en a pas d'autre pour triompher du démon ; et c'est à cette extrémité que Dieu veut amener une âme religieuse qui s'est livrée à l'amour. Alors se vérifie cette sentence que rapporte l'Évangile : Celui, qui aura perdu son âme pour moi, la retrouvera. (cf. Mt 10, 39)

Le Sauveur. – Oui, je permets quelque fois que votre âme soit temporairement troublée ; mais je ne pousse aux extrémités que les âmes sur qui j'ai de grands desseins. Mais puisque je vous presse de vous abandonner totalement à moi par amour, vous ne devez rien prévoir, rien excepter et être prêt à tout.

AFFECTIONS ET RÉSOLUTIONS

Oui, mon Sauveur, je veux être tout à vous comme vous me le demandez. À qui irais-je ? vous seul êtes tout aimable et vraiment bon. Je vous suivrai en aveugle, s'il le faut. Je consens, si tel est votre bon plaisir, à perdre terre, à ne plus savoir ni ce que je suis, ni ce que je serai, pourvu que je parvienne par ce sacrifice à la pureté de votre amour.

BOUQUET SPIRITUEL

– *Domine, ad quem ibimus ?* (Joan. VI, 68)

– *Qui perdiderit animant suam propter me inveniet eam.* (Mat. XVI, 25)

– *Quæ placita sunt ei, facio semper.* (Joan. VIII, 29)

– Seigneur, à qui irons-nous ? (Jn 6, 68)

– Celui qui aura perdu son âme pour moi, la retrouvera. (Mt 16, 25)

– Je fais toujours ce que mon Père trouve bon. (Jn 8, 29)

Vingt-et-unième méditation

De la direction

I. Préparation pour la veille

Lecture du saint Évangile : Mt 10, 38-41

38. Qui non accipit crucem suam et sequitur me, non est me dignus. 39. Qui invenit animam suam, perdet illam : et qui perdiderit animam suam propter me, inveniet eam. 40. Qui recipit vos, me recipit : et qui me recipit, recipit eum qui me misit. 41. Qui recipit prophetam in nomine prophetæ, mercedem prophetæ accipiet : et qui recipit justum in nomine justi, mercedem justi accipiet.

38. Celui qui ne prend pas sa croix pour me suivre, n'est pas digne de moi. 39. Celui qui cherche son âme la perd, et celui qui la perd à cause de moi la sauve. 40. Celui qui vous reçoit, reçoit celui qui m'a envoyé. 41. Celui qui reçoit un prophète comme prophète recevra la récompense du prophète : et celui qui reçoit un juste comme tel recevra la récompense du juste.

Sommaire. – L'âme donnée à Dieu doit se remettre entièrement à la direction divine.

Mais Dieu a établi ses ministres pour la conduite des âmes. Il leur donne pour cela ses grâces et ses lumières. Il veut qu'on s'adresse à eux avec confiance et docilité.

II. Méditation

1. Lecture du saint Évangile

2. Méditation

Le disciple. – Ô mon bon Maître, vous n'êtes plus là pour nous guider, comme vous étiez auprès de vos apôtres, à qui irons-nous ? Qui nous dira votre volonté, vos désirs ? Qui nous tracera la voie que nous avons à suivre ?

I. L'âme donnée à Dieu doit se remettre entièrement à la direction divine

Réflexions. – L'âme qui s'est donnée à Notre-Seigneur ne doit plus disposer d'elle-même en rien. C'est à lui de régler tout, de gouverner tout, pour l'extérieur et pour l'intérieur. Elle ne voudrait pas former un projet, entreprendre quoi que ce soit, rien changer d'elle-même à sa manière de vivre, sans consulter Notre-Seigneur et sans s'assurer, autant qu'il se peut, de sa volonté. C'est qu'elle sait qu'il ne faut qu'une démarche, souvent de petite conséquence en elle-même, pour déranger l'ordre des desseins de Dieu sur elle, dans lesquels tout se tient et se suit. Un changement de demeure, un voyage, une personne reçue chez soi ou refusée ; une liaison formée ou rompue contre les intentions divines, il n'en faut pas davantage pour faire sortir l'âme du plan de la Providence, avec les plus fâcheuses suites pour sa perfection et quelquefois pour son salut.

Vous avez pu l'observer dans la vie de beaucoup de saints, leur parfaite conversion et leur sanctification ont dépendu de certaines circonstances extérieures ménagées par la Providence et qui paraissaient indifférentes en elles-mêmes.

À plus forte raison faut-il que l'âme dépende de la grâce pour son intérieur, et qu'elle laisse à Notre-Seigneur toute liberté de la traiter comme il le juge à propos. Ce n'est pas à vous à vous sanctifier, vous n'y entendez rien, c'est Notre-Seigneur qui vous sanctifie. Vous n'avez qu'à le seconder et à ne pas troubler ses opérations. Pour cela, distinguez soigneusement ce qui dépend uniquement de lui et ce qui dépend aussi de vous. Ce qui dépend de lui, c'est votre état d'oraison, les consolations, les sécheresses, les tentations, les diverses épreuves intérieures. En tout cela, il faut le laisser agir, être contents de l'état où il vous met, n'en pas désirer la fin, s'il est pénible, ni la continuation, s'il est doux.

Le Sauveur. – Oui, mais ce qui dépend de vous, c'est la mortification, l'intérieure surtout, la pratique des vertus selon les occurrences, l'attention à ne pas sortir de votre recueillement, à conserver votre paix, et à tenir bon contre ce qui pourrait la troubler. Pour être fidèles à tout cela, vous avez des efforts à faire et des combats à livrer. Mais vous serez aidés par mes ministres, si vous savez tirer profit de leur direction.

II. Dieu a établi ses ministres pour la conduite des âmes

Réflexions. – Comme il a établi ses ministres pour la conduite des âmes, Notre-Seigneur leur donne pour cela des grâces et des lumières, et il veut qu'on s'adresse à eux, sans s'ingérer à se diriger soi-même. Dès qu'on s'est donné à lui, dans le dessein de marcher dans la voie du saint amour, il faut lui demander un homme, selon son cœur, un homme qui réunisse la science au zèle, un homme intérieur, guidé lui-même par l'esprit divin et propre à gouverner les autres selon ce même esprit. Si ces directeurs ne sont pas communs, c'est à vous de prier pour en rencontrer un de cette sorte.

Gardez-vous bien de faire de vous-mêmes un choix si important et si délicat, vous n'en êtes pas capables. Vous seriez très exposés à vous tromper et vous mériteriez en effet de vous tromper. Notre-Seigneur a fait pour vous ce choix de toute éternité ; et si vous laissez agir sa Providence, elle ménagera toutes choses de manière que vous tombiez entre les mains de l'homme qu'il vous a destiné ; un instinct secret vous dira que c'est lui, et les effets ne tarderont pas à vous en convaincre.

Le Sauveur. – L'Esprit-Saint vous l'a rappelé au Livre des Proverbes : C'est Dieu qui dirige les pas de l'homme. L'homme par lui-même n'a pas l'intelligence de sa voie : « *A Domino diriguntur gressus viri. Quis autem hominum intelligere potest viam suam ?[1]* » (Pr 20, 24) Laissez-vous donc conduire pas à pas.

III. Dieu veut qu'on suive avec confiance et docilité les conseils du directeur

Réflexions. – La sainte Écriture indique la conduite à tenir envers le conseiller que la Providence vous a donné. « Ne faites rien sans son conseil. – Soyez assidu auprès de lui. – Il vous guidera dans l'obscurité ; quand vous chancellerez, il vous soutiendra ; quand vous tomberez, il vous consolera. » (cf. Si 32 et 37)

Le point capital est d'envisager cet homme avec un esprit de foi, comme si c'était Notre-Seigneur lui-même, et d'être intimement persuadés que, si nous le considérons ainsi et si nous nous comportons en conséquence, Dieu ne permettra jamais qu'il nous arrive aucun des inconvénients sans nombre auxquels est sujette la direction, tant

---

[1] - *C'est par le Seigneur que sont dirigés les pas de l'homme : qui des hommes peut comprendre son chemin ?*

de la part des hommes que de la part du démon, qui traverse de toute sa force l'œuvre divine.

Après cela, les trois choses que la direction demande absolument de vous sont l'ouverture de cœur, la confiance et l'obéissance. Il ne faut rien cacher à votre guide de ce qui peut lui servir à vous bien connaître et à vous conduire sûrement. Tant qu'il ne peut pas être assuré de votre exactitude à cet égard, de votre candeur et de votre sincérité, il est inquiet, il doute, il ne sait quel parti prendre, il ne peut décider et vous conseiller comme il faut.

Votre propre tranquillité exige que vous ayez une parfaite confiance en lui, que vous ne vous permettiez pas de raisonner sur ses décisions. Écoutez-le, vous ne le regretterez pas. « *Fili, sine consilio nihil facias, et post factum non pœnitebis* : Mon fils, ne faites rien sans conseil et vous ne le regretterez pas. » (Si 32, 24) Il peut se tromper, mais vous ne devez pas présumer qu'il se trompe ; et si cela lui arrive, ce ne sera pas en des choses de conséquence, ou son erreur ne durera pas, ou enfin Dieu ne souffrira pas qu'elle nous nuise

Quant à l'obéissance, il est évident qu'elle est tout à fait indispensable en tous les cas où il n'y a pas de péché manifeste. Le directeur représente Notre-Seigneur. Il l'a dit souvent : « Comme mon Père m'a envoyé, je vous envoie. – Allez, enseignez le peuple. Celui qui vous écoute, m'écoute ; celui qui vous méprise, me méprise. – Je

suis avec vous jusqu'à la fin des siècles. » (Jn 20,
21 ; Mt 28, 19-20 ; Lc 10, 16)

Comme Notre-Seigneur et avec son concours,
ils sont les pasteurs de vos âmes. Les brebis connaissent la voix du pasteur, elle le suivent avec
confiance : « *Et oves illum sequuntur, quia sciunt
vocem ejus.*[1] » (Jn 10, 4) Notre-Seigneur a fait
d'eux le sel de la terre et la lumière du monde. Ils
ont autorité pour vous conduire, suivez-les :
« *Omnia quæcumque dixerint vobis, servate et
facite.*[2] » (Mt 23, 3) C'est pour vous le chemin de
la paix et de la sécurité. Vous déclinez par là
toute responsabilité devant Dieu. Vous pourrez
lui dire au jugement : « Maître, j'ai écouté votre
représentant, j'ai accompli votre volonté en
accomplissant la sienne, j'ai droit à mon salaire. »

Le Sauveur. – Allez donc avec confiance. Avec
le Saint-Esprit agissant au-dedans et l'obéissance
dirigeant au-dehors, vous avancerez sûrement
dans la voie de l'amour. Vous surmonterez toutes
les difficultés. – « *Vir obœdiens loquetur victorias :* L'homme obéissant chantera victoire. » (Pr
21, 28) Vous serez conduits comme par la main,
et vous ne vous égarerez pas. – « *Qui agunt omnia cum consilio, reguntur sapientia :* Ceux qui
prennent conseil pour agir sont conduits par la
sagesse. » (Pr 13, 10) Vous éviterez le reproche
que l'Écriture adresse souvent aux présomptueux.

---

[1] - *Et les brebis le suivent, parce qu'elles connaissent sa voix.*
[2] - *Tous ce qu'ils vous diront, observez-le et faites-le.*

– « *Ne innitaris prudentiæ tuæ* : Ne vous confiez pas en votre propre prudence. » (Pr 3, 5) Ceux-là sont insensés et ils tombent dans le péril, alors que les prudents et les humbles y échappent. – « *Sapiens timet et declinet a malo ; stultus transilit et confidit* : Le sage craint et échappe au mal ; l'insensé est présomptueux et tombe. » (Pr 14, 16)

AFFECTIONS ET RÉSOLUTIONS

Ô mon bon Maître, jusqu'à présent j'ai été souvent du nombre des imprudents et des insensés. De là sont venues mes chutes fréquentes. Pardonnez-moi et désormais conduisez-moi par la voix de vos ministres. Je suis faible et aveugle, prenez-moi par la main et guidez-moi.

BOUQUET SPIRITUEL

– *Qui vos audit me audit, et qui vos spernit me spernit.* (Luc, XVI)

– *Surge et ingredere civitatem et ibi dicetur tibi (a sacerdote) quid te oporteat facere.* (Act. IX)

– *Fili, sine consilio nihil facias et post factum non pænitebis.* (Eccli. XXXII)

– Celui qui vous écoute m'écoute, et celui qui vous méprise me méprise. (Lc 10, 16)

– Lève-toi, va à la ville, et le prêtre te dira ce qu'il faut faire. (Ac 9, 6)

– Mon fils, ne fais rien sans conseil et tu n'auras pas à regretter ce que tu auras fait. (Si 32, 24)

Vingt-deuxième méditation

Sur le don de soi-même à Notre-Seigneur

I. Préparation pour la veille

Lecture du saint Évangile : Jn 15

5. Ego sum vitis, vos palmites : qui manet in me et ego in eo, hic fert fructum multum, quia sine me nihil potestis facere... 8. In hoc clarificatus est Pater meus, ut fructum plurimum afferatis, et efficiamini mei discipuli. 9. Sicut dilexit me Pater, et ego dilexi vos. Manete in dilectione mea. 10. Si præcepta mea servaveritis, manebitis in dilectione mea, sicut et ego Patris mei præcepta servavi, et maneo in ejus dilectione. 11. Hæc locutus sum vobis ut gaudium meum in vobis sit, et gaudium vestrum impleatur.

5. Je suis la vigne et vous les branches. Celui qui demeure en moi et moi en lui, celui-là porte beaucoup de fruits, parce que sans moi vous ne pouvez rien faire... 8. C'est la gloire de mon Père que vous portiez beaucoup de fruits et que vous deveniez mes disciples. 9. Comme mon Père m'a aimé, je vous aime. Demeurez dans mon amour. 10. Si vous gardez mes préceptes, vous demeurerez dans mon amour ; comme j'ai gardé les préceptes de mon Père et je demeure dans son

amour. 11. Je vous ai dit cela pour que ma joie soit en vous et que votre joie soit pleine.

Sommaire. – Pour aimer Dieu de tout notre cœur, il faut nous donner à lui, nous livrer à sa grâce et à sa Providence.

Il est en effet la source de l'amour, il le donne à mesure que nous nous donnons à lui.

Mais il faut être généreux et fidèles pour ne pas nous reprendre après que nous nous sommes donnés.

II. Méditation

1. Lecture du saint Évangile

2. Méditation

Le disciple. – Je désire, ô mon bon Maître, me donner entièrement à vous. Jusqu'à présent je me suis donné avec réserve et je me suis souvent repris. Éclairez-moi, aidez-moi, entraînez ma volonté.

I. Pour aimer Dieu de tout notre cœur, il faut nous donner entièrement à lui.

Réflexions. – Si vous voulez sincèrement aimer Dieu de tout votre cœur, commencez par vous donner entièrement à lui, afin qu'il fasse de vous et en vous tout ce qu'il lui plaira.

Se donner ainsi à Dieu, c'est se renoncer absolument, pour se remettre entre ses mains ; c'est vouloir n'être plus à soi, ne plus disposer de soi, mais se livrer à la grâce divine pour en suivre tous les mouvements ; à la Providence divine, pour se conformer à toutes ses dispositions ; à la volonté de Dieu, pour qu'elle accomplisse en nous son bon plaisir.

C'est un grand acte d'amour que cette donation, vous en êtes incapables de vous-mêmes et il est besoin d'une grâce spéciale pour le produire réellement. Dieu ne la refuse pas à quiconque la demande et désire réellement l'obtenir.

Bien peu de personnes même pieuses ont ce désir réel et efficace. Elles veulent se donner et se retenir, être à Dieu et à elles-mêmes, suivre la grâce et ne pas renoncer entièrement à la nature.

Cependant, avant que d'avoir fait à Dieu cette donation de soi, pleine, entière, irrévocable, on ne peut entrer dans l'exercice de l'amour que par de courts intervalles, et non avec cette continuité qui de la vie du chrétien fait une vie toute d'amour.

Le Sauveur. – Mais à quoi aspirez-vous donc sur la terre, si vous n'aspirez pas à cette vie d'amour ? N'est-ce pas à une telle vie que vous êtes appelé dans le ciel ? C'est cette vie qui doit faire votre béatitude et vous ne voudriez pas la commencer ici-bas ? Oh ! ne sortez point de cette méditation que vous ne vous soyez donné à moi aussi parfaitement que vous pouvez et que vous devez le désirer pour votre bonheur comme pour la gloire divine.

II. Dieu est la source de l'amour, il le donne à ceux qui se donnent à lui

La raison principale pour laquelle il faut vous donner à Dieu, c'est qu'il est la source de l'amour. L'amour découle de lui. Il le donne à mesure qu'on se donne à lui. C'est lui qui en inspire les pratiques, qui en fournit les occasions, et qui, par la grâce actuelle, en fait produire les actes. Il nous met à portée de sanctifier par l'amour toutes nos pensées, tous nos désirs, toutes nos actions, car en tout cela nous ne pouvons rien sans lui. Il est nécessaire que la grâce nous prévienne, qu'elle agisse la première, qu'elle nous aide à coopérer, qu'elle produise avec nous, et plus que nous, notre coopération.

Pour tout cela, il faut que Dieu dispose à son gré de notre cœur ; que ce cœur lui appartienne, par conséquent, et qu'il soit le maître de notre liberté par une donation sans réserve de notre part. Autrement nous le gênerons, nous le traverserons, nous mettrons des obstacles à l'exécution de ses desseins sur nous ; il voudra une chose et nous ne la voudrons pas. N'est-ce pas ce qui nous est arrivé jusqu'ici et ce qui a été l'unique cause de nos péchés, de nos imperfections, de notre peu de progrès dans la voie d'amour ? Qu'avons-nous opposé à l'action divine ? notre propre volonté. Et pourquoi l'avons-nous opposée ? parce que nous ne l'avions pas donnée comme il faut. Nous avons mis des restrictions, des exceptions ; notre engagement n'a été que jusqu'à un certain point, au-delà duquel nous avons prétendu être libres. Nous avons permis à Notre-Seigneur de couper les branches du *moi*, et nous nous en étions réservé le tronc et les racines. Et voilà ce qui l'a arrêté dans l'œuvre de notre sanctification.

Le Sauveur. – Oui, je veux tout avoir, afin d'opérer librement en vous. J'ai mon plan tout dressé, je l'exécuterai, si rien ne s'y oppose de votre part ; et rien ne s'y opposera, si j'ai votre volonté à ma disposition, si vous n'êtes plus à vous en rien, mais tout à fait à moi. Rien n'est plus manifeste, ni plus certain.

III. Il faut être généreux et fidèles pour ne pas nous reprendre

Il faut sans doute être généreux pour se donner ainsi ; mais il n'est pas moins besoin de courage et de fidélité pour ne plus se reprendre.

Il est aisé de donner en général, c'est plutôt une promesse qu'un don ; mais quand il faut en venir à l'effet, et se dessaisir réellement de chaque chose à mesure que Dieu la demande, c'est alors qu'il en coûte et qu'on sent toute la difficulté du sacrifice. La nature voudrait revenir sur ce qu'on a donné, elle en a regret ; et si elle ne peut tout garder, elle tâche du moins d'en retenir une partie. Ce n'est pas une petite affaire de persévérer dans l'oraison malgré les sécheresses, les tentations, les désolations, l'abandon apparent de Dieu ; de continuer à le servir avec exactitude, à rejeter tout adoucissement de la part des créatures, à pratiquer sans relâche la mortification extérieure et intérieure : celle des sens, par les privations et les macérations ; celle de l'imagination, en la réglant et la captivant ; celle des passions, en luttant contre elles et en leur refusant ce qu'elles désirent ; celle de l'esprit, en arrêtant tout raisonnement que la grâce interdit, en souffrant patiemment la fatigue et l'hébétement ; celle de la volonté, en la contrariant dans ses inclinations et ses aversions, en trouvant bon que les autres la contrarient et en ne lui permettant jamais de prévenir le vouloir divin, d'y résister, ni d'en sortir ; d'ajouter continuellement sacrifices sur sacrifices, quoique Dieu paraisse n'y faire aucune attention et qu'il poursuive notre amour-propre jusque dans ses derniers retranchements. Il faut du courage pour ne pas s'arrêter, pour ne pas reculer et refuser à Dieu en détail ce qu'on lui a donné en gros.

Le Sauveur. – J'use sans ménagements des droits qu'on m'a donnés et qui au fond m'appartiennent. Je les pousse si loin qu'on est tenté de rompre le marché. Mais il n'est plus temps, et je ne permets pas que l'âme en vienne à cet indigne repentir, lorsqu'elle a fait de grandes avances durant un certain nombre d'années. On s'est soumis à mon domaine, je l'exerce par degrés dans la mesure qu'il me plaît. On m'a donné sa liberté, j'en dispose en maître, et sans la contraindre, je l'amène par la grâce à vouloir ce que je veux, même les choses pénibles et crucifiantes.

Je tiens le consentement de cette âme et je ne souffre pas qu'elle le retire, quelques efforts qu'elle semble faire pour cela.

Telle est cette tyrannie de l'amour, qui est à la fois rigoureuse et douce. Elle demande beaucoup et sans répit, mais quiconque s'y est donné en sait tout le charme. Il sait combien ses exigences et ses rigueurs sont surpassées par la joie intime et profonde qu'éprouve le cœur aimant et qui est l'avant-goût des joies du ciel.

Cherchez cette paix divine de l'amour qui surpasse tout sentiment. Qu'elle garde vos cœurs et vos intelligences. (cf. Ph 4, 7)

AFFECTIONS ET RÉSOLUTIONS

Domine, da mihi hanc aquam[1]. (Jn 4, 15) Seigneur, avec la pauvre samaritaine je vous demande de cette eau, puisée à la source de votre Cœur, de l'eau de la générosité. Puisque le don de

---

[1] - *Seigneur, donne-moi de cette eau.*

moi-même est une grâce gratuite, je vous demande cette grâce. Je sais que vous demandez de moi une préparation et une correspondance courageuse. J'en prends la résolution. Je quitterai les créatures, je vous chercherai toujours et en tout. Ne vous dérobez pas, Seigneur, à mes recherches. Prenez-moi à votre suite et ne me délaissez plus.

BOUQUET SPIRITUEL

– *Si præcepta mea servaveritis, manebitis in dilectione mea.* (Joan. XV)

– *Domine, da mihi hanc aquam et non sitiam.* (Joan. IV)

– *Quærite et invenietis, pulsate et aperietur vobis.* (Luc. XI)

– Si vous gardez mes préceptes, vous demeurerez dans mon amour. (Jn 15, 10)

– Seigneur, donnez-moi de cette eau, pour que je n'aie plus soif. (Jn 4, 15)

– Cherchez et vous trouverez, frappez et l'on vous ouvrira. (Lc 11, 9)

Vingt-troisième méditation

De l'oblation de soi-même
au cœur de Notre-Seigneur par amour pour lui

I. Préparation pour la veille

Lecture du saint Évangile : Jn 14

6. Dicit ei Jesus : Ego sum via, et veritas, et vita. Nemo venit ad Patrem nisi per me. 7. Si cognovissetis me, et Patrem meum utique cognovissetis : et amodo cognoscetis eum et vidistis eum. 8. Dicit ei Philippus : Domine, ostende nobis Patrem et sufficit nobis. 9. Dicit ei Jesus : Tanto tempore vobiscum sum : et non cognovistis me ? Philippe, qui videt me, videt et Patrem. Quomodo tu dicis : Ostende nobis Patrem ? 10. Non creditis quia ego in Patre et Pater in me est ? Verba quæ ego loquor vobis, a me ipso non loquor. Pater autem in me manens, ipse facit opera.

6. Jésus dit : Je suis la voie, et la vérité et la vie. Personne ne vient à mon Père que par moi. 7. Si vous me connaissiez, vous connaitriez aussi mon Père : et maintenant vous le connaîtrez et vous l'avez vu. 8. Philippe lui dit : Maître, montrez-nous votre Père et cela nous suffit. 9. Jésus répondit : Depuis le temps que je suis avec vous, vous ne me connaissez pas ? Philippe, celui qui me voit, voit mon Père. Pourquoi dis-tu : Montrez-

nous votre Père ? 10. Ne croyez-vous pas que je suis en mon Père et que mon Père est en moi ? Les paroles que je vous dis ne sont pas de moi. Mon Père demeure en moi, c'est lui qui fait mes œuvres.

Sommaire. – Nous devons aimer Notre-Seigneur parce que c'est lui que son Père présente à nos affections. Et si nous l'aimons, nous devons nous offrir à lui par amour comme il s'est offert à son Père.

Cette offrande est très agréable à Notre-Seigneur et à son Père.

Elle a ses degrés divers et elle nous ménage les récompenses divines.

II. Méditation

1. Lecture du saint Évangile

2. Méditation

Le disciple. – Ô mon bon Maître, nous vous disons comme votre apôtre Philippe : Montrez-nous votre Père. Augmentez notre foi et notre amour. Montrez-nous comment nous devons aimer votre Père et vous aimer.

I. Nous devons donner notre cœur à Notre-Seigneur

Réflexions. – « *Celui qui me connaît, connaît mon Père,* a dit Notre-Seigneur. *Celui qui m'aime, aime mon Père et est aimé de lui.* » (cf. Jn 14, 7. 21) On ne peut aimer l'un sans aimer l'autre. Mais c'est en Notre-Seigneur particulièrement que son Père veut être aimé, parce que c'est par lui, son Fils, qu'il s'est manifesté. Notre-Seigneur a expliqué cela à ses disciples, comme saint Jean nous le rapporte : « *Je suis la voie, la vérité et la vie,* leur disait-il. *Personne ne vient à mon Père que par moi. Si vous me connaissiez, vous connaîtriez aussi mon Père.* » (Jn 14, 6-7) Ces paroles s'appliquent tout autant à l'amour de son Père qu'à la connaissance qu'on peut avoir de lui, car la connaissance a pour but l'amour et y conduit.

Lorsque Philippe insista et dit : « *Maître, montrez-nous votre Père.* » Jésus lui répondit : « *Celui qui me voit voit mon Père, pourquoi donc me dis-tu : Montrez-nous votre Père ?* » (Jn 14, 8-9) Puis à deux reprises il insista pour dire que celui qui l'aime est aimé de son Père : « *Qui autem diligit me, diligetur a Patre meo et ego diligam eum et manifestabo ei meipsum.*[1] » (Jn 14, 21) Et bientôt il reprit : « Si quelqu'un m'aime, mon Père l'aimera et nous viendrons à lui. *Si quis diligit me... Pater meus diliget eum et ad eum veniemus et*

---

[1] *- Celui qui m'aime, est aimé de mon Père et moi je l'aimerai et je me manifesterai à lui.*

mansionem apud eum faciemus[1]. » (Jn 14, 23)

Lorsque Notre-Seigneur se compare à une vigne et son Père à un laboureur, il ne dit pas seulement que son Père rejettera celui qui ne porte pas de fruit, mais il ajoute : « Celui qui ne porte pas de fruit *en moi,* mon Père le rejettera. – *Omnem palmitem in me non ferentem fructum tollet eum.* » (Jn 15, 2)

Le Sauveur. – Je disais encore à mes disciples : « Demeurez en moi et moi en vous. Demeurez dans mon amour : *Manete in me et ego in vobis. Manete in dilectione mea.* » (Jn 15, 9) Toutes ces paroles et bien d'autres dans l'Évangile indiquent clairement que mon Père veut que l'on m'aime, et que la meilleure manière de l'aimer c'est de m'aimer. Lorsqu'on reporte sur moi toutes ses affections, je présente moi-même à mon Père les cœurs qui se donnent à moi, et cette offrande lui est agréable, parce que c'est par moi qu'il veut être aimé et glorifié des hommes. C'est moi qui suis le médiateur entre eux et lui. C'est moi qui suis le pontife et comme le pont jeté entre Dieu et les hommes. C'est ainsi que celui qui m'aime aime mon Père et qu'il est aimé de lui.

---

[1] *- et nous ferons notre demeure auprès de lui.*

II. Nous devons nous offrir à Notre-Seigneur par amour comme il s'est offert à son Père

Réflexions. – Non seulement Notre-Seigneur a aimé son Père, mais il s'est offert à lui volontairement et librement pour accomplir sa volonté par amour. Il l'a dit souvent dans les termes les plus formels et notamment au sujet de sa passion et de sa mort : « Je donne ma vie, je permets qu'on me la prenne. – *Ego pono animam meam et iterum sumo eam ; nemo tollet eam a me ; sed ego pono eam a meipso et potestatem habeo ponendi eam et potestatem habeo iterum sumendi eam.*[1] » (Jn 10, 17-18) C'est bien librement et par amour qu'il obéissait et qu'il offrait sa vie.

Les hommes ne peuvent pas comme lui s'offrir en rédempteurs, en victimes ou en réparateurs. Cela ne convient qu'à lui seul. Mais cette offrande volontaire de soi-même c'est l'amour qui la lui a inspirée. Les hommes peuvent reproduire quelque chose de son oblation en s'offrant à lui par amour. Ils peuvent par cette offrande se consacrer à lui, eux et tout ce qu'ils font, et ils étendent ainsi l'amour qu'ils lui ont voué à toutes leurs actions, même les plus minimes. Celui qui se donne ainsi à Notre-Seigneur par pur amour et qui se donne sincèrement et généreusement, est assuré d'avoir les préférences de son Cœur. Il l'a promis dans les paroles que nous rappelions tout à l'heure : « Celui qui m'aime, mon Père et moi

---

[1] - *J'ai pouvoir de la déposer et j'ai pouvoir de la reprendre.*

l'aimerons et je me manifesterai à lui. – *Qui autem diligit me, diligetur a Patre meo et ego diligam eum et manifestabo et meipsum.* » (Jn 14, 21) Il se manifeste par les dons de la grâce en apportant avec lui le Saint-Esprit.

Encore que l'on ne sente pas dans la partie affective de son âme la tendresse ou la vivacité de sentiment que l'on voudrait, on aime profondément Notre-Seigneur si on est fidèle à tenir les engagements de son oblation.

Les deux motifs les plus nobles qu'indiquent ordinairement les pieux écrivains pour exciter les âmes à se donner à Dieu dans la vie religieuse sont les suivants : se livrer aux exercices qui mènent à la perfection, s'offrir avec tout ce que l'on possède comme un holocauste perpétuel. Ces motifs sont excellents. Il y en a un autre qui les contient et qui ajoute quelque chose encore, c'est de s'offrir à Notre-Seigneur par amour en vouant sa vie à l'aimer et à le faire aimer. On imite ainsi ce qui peut être imité dans l'oblation de Notre-Seigneur.

Le Sauveur. – C'est vrai, en me vouant à l'œuvre de la rédemption, je me suis offert à mon Père par amour, pour l'aimer et le faire aimer des hommes. Les hommes ne peuvent, sans présumer d'eux-mêmes, s'offrir strictement en victimes. Ils peuvent s'offrir à moi en amants de mon Cœur et se mettre à ma disposition pour être des instruments de mon bon plaisir.

III. Valeur de cette offrande

Réflexions. – Nous avons dit déjà combien on réjouit Dieu le Père en aimant son Fils. En s'offrant à Notre-Seigneur avec les dispositions de cœur qu'il avait en s'offrant à son Père, on lui procure la plus grande joie et la plus grande gloire possible. Par cette offrande même on s'unit à lui, on s'unit à son Cœur, et parce qu'il est toute la gloire de son Père, on ajoute à cette gloire tout ce que la faiblesse humaine y peut ajouter.

Ces dispositions conduisent à la perfection chrétienne et religieuse, car la perfection n'est pas autre chose que l'union à Dieu par la charité. Et cette oblation unit à Dieu, puisqu'elle unit au Fils même de Dieu et le lien de cette union est l'amour. Les vertus religieuses et les obligations des vœux étant accomplies avec ces dispositions s'élèvent bien facilement toutes à la hauteur d'actes continuellement inspirés et soutenus par la charité.

Un autre avantage de ces dispositions, c'est de dilater le cœur et de rendre tout facile. Rien ne dilate le cœur comme l'amour.

Enfin à ces avantages précieux pour les intérêts de l'âme s'en ajoutent d'autres qui touchent particulièrement le Cœur de Notre-Seigneur.

Le Sauveur. – Oui, je n'aime rien tant que d'être aimé. Je me fais mendiant pour obtenir que les hommes me donnent leurs cœurs. Une oblation généreuse, complète et sans esprit de retour donne donc à ma soif d'amour toute la satisfaction qu'elle demande.

Au bonheur de me sentir aimé s'ajoute encore pour moi une autre consolation, c'est que je trouve dans ceux qui se donnent ainsi à moi une compensation à toutes les offenses, à tous les outrages que me font les mauvais. C'est même la seule réparation qui soit à la portée des hommes, car la réparation stricte à la justice n'est possible qu'à moi. La réparation abordable à l'homme c'est une consolation fournie à mon Cœur par un surcroît d'amour et de généreux sacrifice. Rien ne peut, mieux que cette oblation que je demande, atteindre cette fin.

Ceux qui se donnent ainsi à moi s'immolent en holocauste perpétuel, mais en holocauste d'amour. Ce sont des enfants bien-aimés, parce que la seule chose qui les rattache à leur père, c'est l'affection profonde de leurs cœurs. Telles sont les raisons pour lesquelles les cœurs jaloux de me témoigner leur affection ou leur reconnaissance doivent embrasser avec ardeur la voie que je leur propose.

Ai-je besoin d'ajouter que ceux qui répondront à cet appel de mon Cœur auront toutes mes préférences ? Ils ne perdront rien de leur droit aux récompenses parce qu'ils se seront voués à une vie où l'on fait profession de penser plus à moi qu'aux avantages personnels à retirer de mon amour. Ce n'est pas à son Benjamin que le père de famille fera tort de sa part d'héritage.

AFFECTIONS ET RÉSOLUTIONS

Je comprends l'appel de votre Cœur, ô mon bon Maître, et je suis bien désireux d'y répondre. Je m'offre à vous tout entier par amour pour vous. Je veux vivre dans votre dépendance absolue et tout faire pour vous et avec vous. Accueillez mon oblation, bénissez-la, fécondez-la par votre grâce afin qu'elle soit généreuse et persévérante.

BOUQUET SPIRITUEL

– *Nemo venit ad Patrem nisi per me.* (Joan. XIV)

– *Qui autem diligit me, diligetur a Patre meo et ego diligam eum et manifestabo ei meipsum.* (Ibidem)

– *Si quis diligit me, Pater meus diliget eum et ad eum veniemus et mansionem apud eum faciemus.* (Ibidem)

– Personne ne vient à mon Père que par moi. (Jn 14, 6)

– Celui qui m'aime, mon Père l'aimera et je l'aimerai et je me manifesterai à lui. (Jn 14, 21)

– Si quelqu'un m'aime, mon Père l'aimera et nous viendrons à lui et nous demeurerons chez lui. (Jn 14, 23)

Vingt-quatrième méditation

De la vie d'oblation au Sacré-Cœur de Jésus

I. Préparation pour la veille

Lecture du saint Évangile : Mt 6

21. Ubi est thesaurus tuus, ibi est et cor tuum. 22. Lucerna corporis tui est oculus tuus. Si oculus tuus fuerit simplex, totum corpus tuum lucidum erit. 23. Si auteur oculus tuus fuerit nequam, totum corpus tuum tenebrosum erit... 24. Nemo potest duobus dominis servire : aut enim unum odio habebit et alterum diliget ; aut unum sustinebit et alterum contemnet. Non potestis Deo servire et Mammonæ.

21. Où est votre trésor, là est votre cœur. 22. La lumière de votre corps, c'est votre œil. Si votre œil est simple, tout votre corps sera lumineux. 23. Mais si votre œil est mauvais, tout votre corps sera dans les ténèbres... 24. Personne ne peut servir deux maîtres : ou bien il détestera l'un et il aimera l'autre ; ou il estimera le premier et méprisera le second. Vous ne pouvez pas servir Dieu et Mammon.

Sommaire. – La perfection de la vie d'obla-tion, c'est le souci habituel de prouver notre amour à Notre-Seigneur par nos offrandes et nos actes.

Nous nous affermissons dans cette vie par la pratique des offrandes, des résolutions et de l'examen particulier.

Les actes offerts doivent être accomplis avec le plus grand soin.

II. Méditation

1. Lecture du saint Évangile

2. Méditation

Le disciple. – Parlez, ô mon bon Maître ; que dois-je faire pour vous contenter, pour vous plaire, pour vous prouver mon amour à chaque instant de ma vie ?

I. La vie d'oblation, c'est le souci habituel de prouver notre amour à Notre-Seigneur

Réflexions. – Notre-Seigneur ne demande pas de vous des connaissances profondes sur la perfection ; ce qu'il aime, c'est que vous n'ayez dans votre âme, dans votre cœur, dans votre volonté, qu'un seul souci, celui de l'aimer et de lui prouver votre amour. Si ce désir, si cette résolution absorbe tout en vous, vous arriverez à la perfection sans avoir eu même le souci formel de cette perfection.

Si vous commettez une faute, si vous manquez de générosité à son service, vous ne vous direz pas : « Ceci est une imperfection », mais : « Ceci déplaît à Jésus ; en cela, je n'ai pas donné à Jésus les marques d'amour qu'il attendait de moi ». Vous vous en attristerez. Si vous avez le cœur tendre, vous pleurerez et gémirez de lui avoir été infidèles. Vous ne donnerez pas trop de temps à une comptabilité incertaine d'actes dont vous êtes impuissants à évaluer le prix. Vous avez fait de votre vie une affaire de cœur et non une affaire d'intérêt. Aimer le Cœur sacré de Jésus et le lui prouver, c'est toute votre vie.

Lorsqu'on ne trouve rien autre chose que ce souci dans la vie d'une âme, cette âme est parfaite, encore qu'elle n'ait pas pris le soin de contrôler la perfection de ce qu'elle fait.

Le Sauveur. – Je vous l'ai dit dans l'Évangile, je tiens surtout à la pureté et à la générosité de vos intentions. Si le regard de votre âme est simple et droit, si votre intention est pure, toute votre vie en est illuminée. Vous ne pouvez pas servir deux maîtres. Donnez-vous tout entier à mon amour.

II. Nous nous affermissons dans cette vie d'oblation par la pratique des offrandes et des examens

Réflexions. – L'examen particulier doit être fait de manière à éviter l'appréciation de sa propre perfection. Il y aurait là un péril d'amour-propre. En faisant cet examen, il faut se rappeler toutes les actions faites sans amour ou avec négligence. Il faut ensuite demander pardon à Notre-Seigneur de votre tiédeur et lui promettre pour le reste de la journée, en lui demandant le secours de sa grâce, une plus grande attention à penser à lui et à y penser avec affection. Il faut terminer en renouvelant la résolution prise le matin, et cette résolution sera toujours, quel que soit le sujet d'oraison, d'offrir en esprit d'amour au moins les principales actions de la journée. Si vous êtes assez généreux, vous les offrirez toutes. Et votre principale résolution quotidienne doit être de renouveler cette oblation avant le plus grand nombre possible d'actions.

La manière pratique de renouveler cette oblation peut se borner à une simple et rapide offrande partie du cœur. Il faut même éviter de se croire obligé par cette résolution à tenir son esprit tendu avec effort toute la journée. Il faut être simple avec Notre-Seigneur. La contention est une fatigue qui ferait abandonner cette excellente pratique. L'ennemi se servirait bien vite de la difficulté qu'on rencontrerait à tenir sa résolution, si on se tenait l'esprit constamment tendu. Lorsqu'on travaille pour Notre-Seigneur il faut tout faire d'une manière aussi simple et aussi candide que possible. Il est même bon de suivre une certaine gradation pour arriver à contracter l'habitude de la vie d'oblation sans trouble et sans fatigue.

Commencez, par exemple, par bien offrir les heures d'étude, les heures de travail régulier de la matinée et celles de l'après-midi. La petite prière qui précède les heures de travail servira à fixer votre attention et vous rappellera votre résolution. Ces heures de travail seront offertes au Sacré-Cœur en esprit d'amour. Vous vous offrirez vous-mêmes avec votre cœur. Ces actes d'une longue durée seront donc des actes continus d'amour. À la fin de chacun de ces exercices, un court instant sera consacré à demander pardon au Sacré-Cœur des négligences apportées à ces occupations.

Enfin à l'examen de midi et à l'examen du soir, vous vous poserez les questions suivantes : Ai-je été fidèle à offrir au Cœur de mon Jésus les actions que je lui avais promises comme marque de mon amour ? Ai-je été attentif à m'acquitter de mes devoirs le mieux que je pouvais, afin de lui donner par cette attention soutenue un gage de mon amour ?

Le Sauveur. – Oui, témoignez-moi cette fidélité et vous serez vraiment les amis de mon Cœur.

III. Il faut apporter le plus grand soin à l'accomplissement des actes offerts

Réflexions. – Toute oblation doit être accompagnée de la résolution de faire le mieux possible ce qu'on a offert spécialement au Sacré-Cœur. Lui offrir des actes mal faits, ou faits sans soin, sans souci de son devoir, ne peut toucher le divin Cœur. Aussi ne faut-il pas que le désir d'arriver vite à lui offrir toutes ses actions fasse manquer à la règle de sage gradation que nous avons indiquée. En voulant aller trop vite, on courrait risque de manquer le but. On s'exposerait à la lassitude, à la contention d'esprit et à la tentation de tout abandonner en se disant qu'on n'arrivera jamais à la perfection demandée.

Ne vous troublez pas à l'occasion de vos imperfections, mais soyez bien fidèles à demander pardon au Sacré-Cœur de vos négligences chaque fois que vous les apercevez.

Vous acquerrez ainsi l'habitude de renouveler l'offrande de toutes les actions un peu longues de la journée. En même temps vous serez attentifs à faire ces actions de votre mieux.

De plus il sera bon de placer de temps à autre au milieu de vos actions une courte oraison jaculatoire inspirée par le cœur. Vous direz par exemple : « Jésus, je vous aime ! » Ou encore : « Ô Jésus, je voudrais vous aimer ! » David, qui avait un cœur très aimant, ne disait-il pas : « Je bénirai mon Dieu en tout temps et sa louange sera toujours sur mes lèvres : *Benedicam Dominum in omni tempore, semper laus ejus in ore meo.»* (Ps 33, 1)

Vous suivrez pour ces aspirations l'attrait de votre cœur. Vous choisirez la pensée qui vous touche le plus. Ces traits d'amour blesseront le Sacré-Cœur et dilateront le vôtre. Ils ajouteront à la valeur des actions auxquelles ils se trouveront mêlés.

Résumez vos résolutions : Il faut vous soucier davantage d'aimer Notre-Seigneur que de disserter sur la perfection. Il faut que vos actions soient offertes au Sacré-Cœur par amour et soient accomplies avec soin et conscience. Pour cela, l'offrande du matin sera renouvelée plusieurs fois le jour par un trait rapide, dans un instant de recueillement avant les actions principales.

Votre examen particulier portera d'abord chaque jour sur l'observation de ces moyens d'union avec Notre-Seigneur.

Vous laisserez votre cœur épancher de temps en temps son affection pour Notre-Seigneur sous forme d'oraisons jaculatoires.

Le Sauveur. – Oui, ceux qui observeront généreusement ces pratiques, avec le désir sincère de donner par là à mon Cœur la preuve de leur amour, recevront des grâces abondantes et précieuses. Je me plairai à échauffer leur cœur.

C'est là d'ailleurs ce que j'ai demandé à ma servante Marguerite-Marie et ceux qui le négligeraient ne pourraient pas prétendre à l'honneur d'être vraiment consacrés à mon Cœur et de vivre réellement de la vie d'amour et de réparation.

AFFECTIONS ET RÉSOLUTIONS

Oui, mon bon Maître, je veux penser souvent à vous, je veux vivre pour vous. Je vous offre toute ma vie, toutes mes actions, toutes mes souffrances, par amour pour vous et par reconnaissance pour votre divin Cœur. Je renouvellerai fidèlement cette offrande avant les principales actions de ma journée.

BOUQUET SPIRITUEL

– *Benedicam Dominum in omni tempore ; semper laus ejus in ore meo.* (Ps. 33)

– *Ego dormio, sed cor meum vigilat.* (Cant. 5)

– *Oculi mei semper ad Dominum.* (Ps. 24)

– *Cor mundum crea in me, Deus, et spiritum rectum innova in visceribus meis.* (Ps. 50)

– Je bénis le Seigneur en tout temps, sa louange est toujours sur mes lèvres. (Ps 33, 1)

– Je dors, mais mon cœur veille. (Ct 5, 2)

– J'ai toujours mon Dieu devant les yeux. (Ps 24, 15)

– Seigneur, donnez-moi un cœur pur et renouvelez la droiture des intentions de mon cœur. (Ps 50, 12)

Vingt-cinquième méditation

Sur les actes de l'amour

I. Préparation pour la veille

Lecture du saint Évangile : Jn 15

1. Ego sum vitis vera, et Pater meus agricola est. 2. Omnem palmitem in me non ferentem fructum, tollet eum : et omnem qui fert fructum, purgabit eum, ut fructum plus afferat. 3. Jam vos mundi estis propter sermonem quem locutus sum vobis. 4. Manete in me, et ego in vobis. Sicut palmes non potest ferre fructum a semetipso, nisi manserit in vite ; sic nec vos, nisi in me manseritis. 5. Ego sum vitis, vos palmites. qui manet in me, et ego in eo, hic fert fructum multum : quia sine me nihil potestis facere.

1. Je suis la vraie vigne, et mon Père est le cultivateur. 2. Tout rameau qui ne porte pas de fruit en moi, il l'enlèvera ; et le rameau qui porte fruit, il le nettoiera pour qu'il en porte davantage. 3. Déjà vous êtes purifiés par mes enseignements. 4. Demeurez en moi, et moi en vous. Comme le rameau ne peut pas porter de fruits par lui-même, s'il ne demeure pas attaché à la vigne ; de même pour vous, si vous ne demeurez pas en moi. 5. Je suis la vigne et vous les rameaux : celui qui demeure en moi et moi en lui porte beaucoup de

fruits : parce que sans moi vous ne pouvez rien faire.

Sommaire. – Nous avons reçu au baptême l'habitude de la charité, il en faut exercer les actes.

Le chrétien est obligé d'accroître cette habitude par des actes fréquents d'amour.

Mais comment les fera-t-il ? Qu'il se tienne assez attentif et recueilli pour faire ces actes sous l'inspiration du bon Maître qui nous a dit : Sans moi, vous ne pouvez rien faire.

II. Méditation

1. Lecture du saint Évangile

2. Méditation

Le disciple. – Bon Maître, que ferai-je pour vous aimer beaucoup, pour vous aimer toujours davantage, pour faire croître en moi chaque jour l'habitude de vous aimer ?

I. Nous avons reçu au baptême l'habitude d'aimer Dieu, il faut en exercer les actes

Réflexions. – Entretenir et augmenter l'amour divin dans vos cœurs, c'est tout le but de ces méditations.

Vous avez reçu au baptême l'habitude infuse de la charité, c'est pour en exercer les actes. Autrement cette habitude resterait oisive, contrairement aux desseins formels de la sainte Trinité qui l'a formée dans vos cœurs, ce qui est déjà un grand mal, et de plus vous vous exposeriez à la perdre.

Cette sainte habitude reçue au baptême, l'avez-vous même conservée ? l'avez-vous recouvrée par la pénitence ? Vous n'en êtes pas assuré. Dieu vous laisse dans l'incertitude pour vous maintenir dans l'humilité ; et il ne veut pas cependant que vous vous livriez à l'inquiétude, si votre conscience ne vous reproche rien. Mais y a-t-il rien de plus consolant pour vous que de pouvoir vous rendre ce témoignage que vous l'aimez ? et l'un des gages les plus certains que vous en ayez, c'est quand vous produisez fréquemment des actes de charité.

Vous avez lu que saint Augustin, dans ses inquiétudes, se consolait par cette pensée : « Mon Dieu, ma conscience me répond que je vous aime. » Quel avantage, quelle douceur, quelle source de paix vous trouverez dans ce témoignage de votre âme ! Mais pour cela, il faut sentir que cet amour est vivant dans votre cœur, et l'on ne sent qu'il est en vie que par les actes qu'il produit.

Le Sauveur. – Oui, si ces actes partent vraiment de votre cœur, c'est une marque que l'amour y réside ; s'ils sont fréquents, c'est un signe qu'il est plein de force et de vigueur.

Si au contraire ces actes sont rares, s'ils ne sont que sur vos lèvres et s'ils ne sont pas accompagnés d'une certaine émotion c'est une preuve que l'amour est faible et languissant dans vos âmes ; et vous auriez bien lieu de croire qu'il est mort, si vous passiez des temps considérables sans en faire aucun acte.

II. Le chrétien est obligé d'accroître cette habitude par des actes fréquents

Réflexions. – Il est certain que le chrétien ne doit pas seulement conserver cette habitude de l'amour de son Dieu, mais qu'il doit l'augmenter en lui-même, quoiqu'on ne puisse pas déterminer exactement la mesure de cet accroissement.

Il est certain qu'une habitude ne se conserve que par ses actes, et la seule règle par où l'on puisse juger qu'elle s'affaiblit, c'est quand les actes en deviennent rares. On peut présumer qu'elle est tout à fait éteinte lorsque depuis longtemps on n'en produit plus du tout. Cela a lieu pour les bonnes habitudes comme pour les mauvaises, pour les surnaturelles comme pour les naturelles.

Il est certain aussi que toute habitude ne s'accroît et ne se fortifie qu'à proportion de la fréquence des actes. D'où il suit que le chrétien est obligé de faire souvent des actes d'amour de Dieu. Et comme vous ne pouvez pas déterminer exactement le nombre d'actes qui sont nécessaires pour chaque année, pour chaque mois, pour chaque jour, prenez pour règle d'agir de manière que Dieu soit content.

Le Sauveur. – Oui, vous pouvez être satisfait de vos dispositions, si vous avez lieu de présumer que je le suis ; et cela va assez loin, car j'attends de vous que vous m'aimiez de tout votre cœur, de toute votre âme, de tout votre esprit, de toutes vos forces.

III. Quels moyens faut-il prendre pour faire ces actes

Réflexions. – Pour faire ces actes d'amour aussi fréquemment que Notre-Seigneur le désire, voici quel moyen vous prendrez. Vous lui laisserez régler ces actes. Aussi bien, vous ne pourriez pas les faire utilement sans lui. Il vous l'a dit : « Sans moi, vous ne pouvez rien faire, dans l'ordre de la grâce : *Sine me nihil potestis facere.* » (Jn 15, 5)

Commencez donc par bien l'établir le maître absolu de votre cœur et de tous ses mouvements. Chaque matin demandez-lui la grâce de vous faire faire dans la journée autant d'actes d'amour qu'il lui plaira pour sa gloire et pour votre sanctification. Après cela, tenez-vous tout le jour assez recueilli, assez attentif à ses inspirations pour n'en manquer aucune de celles qu'il vous donnera. Prenez au moins cette ferme résolution ; renouvelez-la chaque fois que vous vous en serez écarté ; et quand vous vous apercevez que vous y avez manqué, faites-vous en un reproche vif et sincère.

Vous ne tarderez pas à ressentir les heureux effets de cette pratique. Et vraiment si vous hésitez à y recourir, c'est que vous n'aimez pas véritablement Notre-Seigneur, et que vous n'êtes pas bien résolu à lui donner votre cœur. Vous craignez que ce moyen ne soit assujettissant et difficile, essayez et il vous le facilitera. Vous ne pouvez cependant pas prétendre à pratiquer la vie d'amour envers lui sans qu'il vous en coûte aucun effort et aucune attention.

N'oubliez pas que votre nature corrompue par le péché répugne de toutes ses forces à l'amour de son Dieu. Songez que vous avez augmenté cette corruption par vos fautes personnelles et que votre nature en est devenue encore moins disposée à la vie surnaturelle.

Le but de la charité est précisément de détruire en vous l'œuvre du péché, de vous élever au-dessus de la nature, et de changer l'homme animal en un homme spirituel et divin. Et vous prétendriez n'éprouver aucune difficulté dans la pratique de cet amour ! Sans doute la grâce vous aidera et vous trouverez bientôt une grande douceur dans l'amour de Notre-Seigneur, mais encore faut-il, pour s'y former, de la bonne volonté et de la générosité.

Le Sauveur. – Commencez et vous verrez bientôt les heureux effets de ce moyen que je vous ai recommandé : soyez uni à moi comme la branche au cep de vigne. Soyez habituellement attentif à ma grâce, elle vous suggérera de fréquents actes d'amour. Votre généreuse détermination gagnera mon Cœur et je m'empresserai à vous aider. Vous trouverez bientôt tant de goût et de douceur dans ces actes que vous aurez vous-même l'ardent désir de les multiplier davantage. Ils deviendront chaque jour dans vos cœurs plus fervents et plus intimes. Ils se changeront vraiment en habitude. Vous les ferez comme sans réfléchir et presque sans vous en apercevoir. Comme le remarquait un saint Docteur, ils finiront par être aussi aisés, aussi naturels, aussi continuels que la respiration.

Vous m'aimerez alors véritablement de tout votre cœur, de toute votre âme et de tout votre esprit.

Vous souhaiteriez en être là : commencez, continuez et vous y parviendrez.

Vous ne pouvez rien par vous-même, pas plus que la branche de vigne ne peut donner de fruits si elle ne reçoit pas la sève du tronc. Mais si vous restez attaché à moi, si vous demeurez en moi et moi en vous, la sève de mon Cœur descendra dans le vôtre, et vous serez animé de mon esprit, et vous vivrez facilement de la vie d'amour. Vous en ferez les actes habituellement. Je vous les suggérerai, je vous guiderai. Je vivrai en vous et vous en moi. Laissez-moi donc la conduite de votre cœur. Laissez-moi faire en vous ce que je voudrai. Laissez-moi accomplir mes desseins sans y mettre obstacle en rien.

AFFECTIONS ET RÉSOLUTIONS

Ô Cœur Sacré, je me donne et me consacre tout à vous : mon cœur, mon entendement, ma volonté, afin que tout ce que je ferai et souffrirai soit pour votre amour et pour votre gloire ; que tout ce que je verrai et entendrai me porte à vous aimer ; que toutes mes paroles soient autant d'actes de contrition des péchés que j'ai commis et du bien que je n'ai pas fait. Ô Cœur plein de bonté, du quel je dépends et par lequel je vis, enflammez-moi et transformez-moi tout en vous. (*Marguerite-Marie*)

BOUQUET SPIRITUEL

– *Sine me nihil potestis facere.* (Joan. XV)

– *Manete in me et ego in vobis.* (Ibidem)

– *Nemo potest dicere « Dominus Jesus », nisi in Spiritu sancto.* (I Cor. XII)

– *Deus est qui operatur in vobis et velle et perficere pro bona voluntate.* (Philip. II)

– Sans moi vous ne pouvez rien faire. (Jn 15, 5)

– Demeurez en moi et moi en vous. (Jn 15, 4)

– Personne ne peut dire « Seigneur Jésus », si ce n'est dans le Saint-Esprit. (1 Co 12, 3)

– C'est Dieu qui opère en vous le vouloir et le faire, selon sa bonne volonté. (Ph 2, 13)

Vingt-sixième méditation

Pratique de l'amour de Notre-Seigneur dans les actions quotidiennes

I. Préparation pour la veille

Lecture du saint Évangile : Mc 7

32. Et adducunt ei surdum et mutum, et deprecabantur eum ut imponat illi manum. 33. Et apprehendens eum de turba seorsum, misit digitos suos in auriculas ejus : et expuens tetigit linguam ejus. 34. Et suspiciens in cœlum ingemuit et ait illi : Ephphetha, quod est adaperire. 35. Et statim apertæ sunt aures ejus, et solutum est vinculum linguæ ejus, et loquebatur recte.

32. On lui amena un sourd-muet et on le pria de lui imposer les mains. 33. Et le prenant à l'écart de la foule, il mit ses doigts dans ses oreilles et toucha sa langue avec de la salive. 34. Et levant les yeux au ciel il soupira et dit : *Ephphetha*, c'est-à-dire ouvre-toi. 35. Et aussitôt ses oreilles s'ouvrirent et sa langue se délia et il parlait facilement.

Sommaire. − Le soin matériel apporté à une action ne suffit pas pour la rendre parfaite.

Nos actions doivent être offertes à Notre-Seigneur avec amour dès le matin et souvent dans la journée.

Les actions offertes doivent être accomplies avec un soin délicat pour prouver à Notre-Seigneur notre amour.

Les oraisons jaculatoires et quelques actes spéciaux de reconnaissance entretiennent la ferveur de nos sentiments.

II. Méditation

1. Lecture du saint Évangile

2. Méditation

Le disciple. – Bon Maître, je désire me vouer tout entier à votre amour. Aidez-moi, enseignez-moi les moyens pratiques pour vivre dans votre amour.

I. Il faut offrir fréquemment nos actions à Notre-Seigneur dans la journée

Réflexions. – Les livres spirituels insistent, avec beaucoup de raison, sur le soin avec lequel un pieux fidèle ou un religieux doit s'acquitter de ses actions quotidiennes. L'ordre des supérieurs ou la règle prescrivent-ils un travail, il faut y appliquer toutes les ressources de son intelligence.

On ne saurait trop recommander ce conseil : Faites bien ce que vous faites. Mais il faudrait bien prendre garde de confondre cette perfection qui est de l'ordre purement naturel, avec la perfection recommandée par l'Évangile. On est en danger de se croire parfait parce qu'on a obéi ponctuellement, parce qu'on a respecté la chasteté. Ce sont bien là des vertus, mais elles peuvent n'avoir pas plus de valeur que celles des philosophes ou des mercenaires.

La pratique si nécessaire de l'examen particulier peut même laisser une âme dans cette confusion, si elle est mal entendue.

Dans ce cas, on perd de vue l'intention qui doit inspirer toutes les actions pour leur donner une valeur aux yeux de Dieu. On a peut-être, le matin, récité d'une manière plus ou moins distraite une formule générale d'offrande de la journée. On tient cela pour suffisant et on se repose sur cette offrande. Cette âme sommeille véritablement. On l'a réveillée à peine de son assoupissement habituel pour prononcer cette formule. On a fait cela sans cœur, sans penser à ce qu'on disait ; puis on commence une journée toute naturelle. Quelque soin qu'on apporte ensuite à des actions accomplies dans des vues purement humaines, on ne peut prétendre avoir fait un acte de charité ; on ne peut prétendre qu'on a donné au Sacré-Cœur une marque d'amour. Au soin purement humain avec lequel on accomplit ses actions, il faut ajouter l'intention de plaire à Notre-Seigneur, le désir de lui donner, par ce soin même avec lequel on s'acquitte de ses devoirs, un gage d'amour. Dans ces conditions, non seulement l'attention apportée dans le travail est surnaturalisée, mais l'acte tout entier devient un acte de charité, un acte de pur amour. Notre-Seigneur demande donc qu'on s'habitue à renouveler fréquemment dans la journée les actes d'offrande.

Le Sauveur. – Je ne me contente pas de l'offrande générale et trop souvent routinière faite le matin. Pour faire plus d'ailleurs, il suffit de m'aimer un peu, de penser à moi de temps en temps. C'est là le premier degré d'affection que je demande. Je le récompense bientôt en donnant un goût surnaturel pour ces offrandes. J'aide complaisamment le bon cœur qui veut être tout à moi. Je ne demande pas des efforts pour exciter la sensibilité. Je ne demande que la bonne volonté. Ce bon vouloir est déjà une marque d'affection à laquelle je suis sensible.

II. Les actions offertes doivent être accomplies avec un soin délicat pour prouver à Notre-Seigneur notre amour

Réflexions. – Ceux qui aiment Notre-Seigneur véritablement s'oublient eux-mêmes. Ils ne s'arrêtent pas à considérer leurs progrès et à s'y complaire. Ils s'appliquent à bien faire toutes leurs actions pour l'amour de Notre-Seigneur. S'ils s'attristent de leurs imperfections, ce n'est pas tant à cause d'eux-mêmes qu'à cause de lui et parce qu'ils souffrent de n'avoir pas fait mieux encore pour lui complaire. Ils sentent qu'ils auraient pu lui donner une marque plus généreuse de leur amour. Ils ne se demandent pas quel est le degré de perfection qu'ils ont pu atteindre ; ils demandent pardon de n'avoir pas mieux fait, de n'avoir pas pensé assez souvent et avec assez de cœur à offrir leurs faibles efforts à Notre-Seigneur.

Telle est la direction à donner à vos examens particuliers. Ils doivent être un reflet de la direction générale donnée à votre vie. Aimer le Cœur sacré de Jésus, lui prouver son amour par tout ce qu'on fait, telle doit être la constante préoccupation de qui s'est voué à ce divin cœur. Lorsqu'on l'aime véritablement, cette préoccupation est si grande, qu'on ne peut tomber dans une négligence sans que le cœur la reproche aussitôt. On doit alors en demander pardon aussitôt, en reconnaissant à ce signe qu'on n'aime pas encore Notre-Seigneur comme on le devrait, puis on continue sans trouble sa vie d'oblation. Nous disons la vie d'oblation : car le caractère propre de la vie d'amour, c'est d'offrir au bien-aimé de son cœur tout ce qu'on fait, et de l'offrir bien pratiquement et sérieusement.

Le Sauveur. – La vraie perfection, c'est de n'avoir dans son âme, dans son cœur, dans sa volonté qu'un seul souci, qui est de m'aimer et de me le prouver. Mon amour absorbe tout dans ces âmes. Elles arrivent à la perfection sans avoir eu le souci de cette même perfection. Lorsqu'elles commettent une faute, lorsqu'elles manquent de générosité à mon service, elles ne disent pas : « Ceci est une imperfection », mais « Ceci déplaît à Jésus : en cela je n'ai pas donné à Jésus les preuves d'amour qu'il est en droit d'attendre de moi. » Souvent elles s'en attristent. Les plus tendres vont jusqu'à pleurer et gémir de m'avoir été infidèles. Elles font de leur vie une affaire de cœur et non une affaire d'intérêt. Aimer mon Cœur et le lui prouver, c'est toute leur vie, et ces âmes sont parfaites, encore qu'elles n'aient pas le souci de contrôler la perfection de ce qu'elles font.

III. Moyen d'obtenir cette union par la pratique des offrandes, des résolutions et des examens.

Réflexions. – Pour que les examens quotidiens vous aident à croître dans l'amour du Sacré-Cœur, il faut vous y rappeler les actions faites sans amour et avec négligence ; il faut demander pardon à Notre-Seigneur de votre indifférence et de votre tiédeur, et lui demander, avec le secours de sa grâce, une plus grande attention à penser à lui et à y penser avec affection.

Votre résolution principale de chaque jour sera, à l'oraison comme aux examens, d'offrir au moins vos principales actions en esprit d'amour.

Notre-Seigneur ne vous demande pas une contention fatigante, mais de la bonne volonté, avec une simplicité d'enfant. La prière qui précède et qui suit les exercices dans la vie de communauté sera une occasion assez fréquente d'élever votre cœur vers Dieu. L'oblation de vos actions comportera toujours le désir de les bien faire. À l'heure des examens, et parfois après vos actions principales vous demanderez pardon au Sacré-Cœur de l'avoir servi avec peu d'amour.

Pendant vos occupations, une courte oraison jaculatoire jaillira de temps en temps de votre cœur. Vous direz : Ô Jésus, que je vous aime ! Ô Jésus, que je voudrais vous aimer ! – Ces traits dilateront vos cœurs et blesseront le Cœur sacré de Jésus.

Au moment de la réception des sacrements, avant et après la confession, avant et après la communion, dites bien votre reconnaissance à Notre-Seigneur. Vous êtes là en présence des merveilles de son amour.

Le Sauveur. – Tous ces actes sont faciles, ils ne demandent qu'un peu de bonne volonté. Ceux qui les observeront généreusement, avec leur cœur, avec le désir sincère de donner à mon Cœur des preuves d'amour, recevront des grâces précieuses. Je me plairai à échauffer leurs cœurs. C'est là le minimum des preuves d'amour que mon Cœur est en droit d'attendre des âmes qui se sont vouées et consacrées à lui. Que signifierait en effet cette consécration ? Ce serait un vain mot si, après m'avoir promis toute sa vie et toutes ses œuvres, on m'oubliait entièrement, si on ne me donnait pas pratiquement ce qu'on m'a promis, par des actes sérieux d'oblation et en faisant tout pour mon amour.

AFFECTIONS ET RÉSOLUTIONS

Bon Maître, je veux être fidèle désormais à la consécration que je vous ai faite de tout moi-même. Je veux vous donner en réalité toutes mes actions en renouvelant avec amour mon oblation avant mes actions principales, et en accomplissant ces actions de manière qu'elles puissent vous plaire et vous consoler de mon indifférence passée.

BOUQUET SPIRITUEL

– *Præbe, fili mi, cor tuum mihi.* (Prov. XXIII)

– *Omnia in gloriam Dei facite.* (I. Cor. X)

– *In simplicitate cordis lætus obtuli universa.* (I. Paral. XXIX)

– *Bene omnia fecit.* (Marc. VIII)

– Mon fils, donne moi ton cœur. (Pr 23, 26)

– Faites tout pour la gloire de Dieu.(1 Co 10, 31)

– J'ai offert toutes choses dans la simplicité de mon cœur. (1 Ch 29, 17)

– Il a bien fait toutes choses. (Mc 7, 37)

Vingt-septième méditation

Sur la fidélité dans les petites choses

I. Préparation pour la veille

Lecture du saint Évangile : Lc 19

12. Dixit ergo Jesus : Homo quidam nobilis abiit in regionem longinquam accipere sibi regnum, et reverti. 13. Vocatis autem decem suis servis, dedit eis decem minas, et ait ad illos : Negotiamini dum venio. 14. Cives autem ejus oderant eum, et miserunt legationem post illum, dicentes : Nolumus hunc regnare super nos. 15. Et factum est ut rediret accepto regno : et jussit vocari servos, quibus dedit pecuniam, ut sciret quantum quisque negotiatus esset. 16. Venit autem primus dicens : Domine, mna tua decem mnas acquisivit. 17. Et ait illi : Euge, bone serve, quia in modico fuisti fidelis, eris potestatem habens super decem civitates.

12. Jésus dit : Il y avait un homme de grande naissance qui s'en allait dans un pays fort éloigné pour y prendre possession d'un royaume et revenir. 13. Et appelant dix de ses serviteurs, il leur donna dix marcs d'argent, et leur dit : Faites profiter cet argent jusqu'à ce que je revienne. 14. Mais ceux de son pays qui le haïssaient, envoyèrent après lui une ambassade pour faire cette déclaration : Nous ne voulons pas que celui-

ci soit notre roi. 15. Etant donc de retour après avoir pris possession de son royaume, il commanda qu'on lui fît venir ses serviteurs auxquels il avait donné son argent pour savoir combien chacun l'avait fait profiter. 16. Le premier étant venu, lui dit : Seigneur, votre marc d'argent en a produit dix autres. 17. Il lui répondit : C'est bien, ô bon serviteur ; parce que vous avez été fidèle en ces petites choses, vous aurez l'intendance sur dix villes.

Sommaire. – L'amour ardent engendre une haine profonde pour ce qui lui résiste, pour ce qui est un obstacle à la possession de l'objet aimé. Nous pouvons juger par là si nous aimons Notre-Seigneur. Avons-nous une haine implacable pour notre nature corrompue, pour notre volonté propre, pour tout ce qui nous conduit au péché ?

L'amour est délicat, les moindres offenses d'un ami blessent vivement, elles atteignent directement le cœur. Mais en revanche, les attentions délicates d'une personne chère font plus de plaisir que les dons d'une personne indifférente.

Nous témoignerons donc notre amour à Notre-Seigneur en étant fidèles dans les petites choses.

II. Méditation

1. Lecture du saint Évangile

2. Méditation

Le disciple. – Bon Maître, je désire vous témoigner mon amour, dites-moi comment je dois vous servir pour réjouir votre Cœur.

I. L'amour pour Dieu suppose la haine de tout ce qui nous en éloigne

Réflexions. – L'amour ardent engendre une haine profonde pour tout ce qui lui résiste, tout ce qui fait obstacle à la possession de ce qu'il aime. Plus l'amour est passionné, plus la haine est vive et ardente. Ceci vous servira à apprécier le degré de votre amour pour Notre-Seigneur. Éprouvez-vous une haine implacable contre votre nature corrompue, votre volonté propre ? Si oui, vous l'aimez passionnément ; si non, vous aimez autre chose que lui. Vous n'aimez peut-être pas le péché en ce moment, mais vous aimez des choses qui y conduisent ou qui en dérivent. Jésus l'a dit dans le saint Évangile : « Celui qui ménage son âme, sa vie mortelle, la perd et m'offense ; celui qui la hait se sauve et me prouve son amour : *Qui odit animam suam in hoc mundo, in vitam aeternam custodit eam.* » (Mt 16, 25) Il n'y a rien de petit quand il s'agit du péché et de ce qui y conduit. N'oubliez pas que le péché est une rébellion, un mépris de votre Dieu, une ingratitude impardonnable. Le *non serviam*[1] se réalise dans les petites choses comme dans les grandes. Les petites fautes sont aussi des actes de rébellion : « *O homo, tu quis es, qui respondeas Deo ?* – Qui êtes-vous pour oser vous opposer à Dieu ? » (Rm 9, 20) « Dieu ne veut pas plus d'enfants inutiles et négligents que d'enfants infidèles. – *Non enim concupiscit multitudinem filiorum infidelium et inutilium.* » (Si 15, 22) Peut-on donc à la fois servir sa nature corrompue et son Dieu ? « *Cui adsimilastis me et adæquastis ? Dicit sanctus.*[2] » (Is 40, 25) L'enfant honore son père et le serviteur son maître. Pouvez-vous donc blesser l'honneur de votre Dieu par des fautes ou des négligences ? « *Si ergo Pater ego sum, ubi est honor meus*[3] *?* » (Ml 1, 6)

Le Sauveur. – En faisant des concessions à la nature, vous me quittez, moi, la source d'eaux vives, et vous allez à des citernes vides : « *Me dereliquerunt fontem aquæ vivæ, et foderunt sibi cisternas dissipatas, quæ continere non valent aquas.*[4] » (Jr 2, 13) Examinez donc si vous avez cette haine de la nature corrompue qui se mani-

---

[1] - *Je ne servirai pas.*

[2] - *A qui me comparez-vous dont je sois l'égal ? dit le Saint.*

[3] - *Si je suis père, où donc est l'honneur qui m'est dû.*

[4] - *Ils m'ont abandonné, moi la source d'eau vive, pour se creuser des citernes lézardées, qui ne contiennent pas l'eau.*

feste par la vigilance, par la mortification et par l'abnégation constante de votre volonté propre. La perfection de l'obéissance en est la pierre de touche. Si vous n'avez pas cette haine de ce qui peut vous conduire au péché, vous ne m'aimez pas encore véritablement.

II. Les offenses d'un ami vont droit au cœur

Réflexions. – Plus on aime, plus on est offensé par les offenses de ses amis. Il ne faudrait cependant pas oublier que l'amour est délicat. Ce qu'on ne remarque même pas dans un étranger blesse chez un amant et blesse d'autant plus qu'on a pour cet amant un amour plus tendre.

Ce qu'exprime David au psaume 54, il le dit au nom de Notre-Seigneur : « *Si un ennemi m'offensait, je le souffrirais avec patience, mais toi, mon ami, mon compagnon, mon commensal !* » (Ps 54, 13-15)

Notre-Seigneur avait à louer l'ange de l'Église d'Éphèse de bien des œuvres et de bien des vertus, cependant il lui faisait reprocher par son apôtre d'avoir laissé déchoir sa ferveur première et il le menaçait de la mort éternelle, s'il n'y revenait. (cf. Ap 2, 2-6)

Il louait aussi les œuvres de l'évêque de Laodicée, mais comme il n'était pas fervent et négligeait les petites choses, Notre-Seigneur lui déclarait par son apôtre, qu'il provoquait ses vomissements. « *Scio opera tua... sed quia tepi-dus es, incipio evomere te ex ore meo[1].* » (Ap 3, 15-16)

Le Sauveur. – Le feu sacré du Temple, symbole de la ferveur des prêtres et des fidèles, devait brûler toujours : « *Ignis autem in altari semper ardebit.* » (Lv 6, 12)

J'ai donné la fidélité et la diligence dans mon service comme le signe de l'amour qu'on a pour moi : « Celui qui m'aime garde ma parole, ai-je dit ; celui qui ne m'aime pas ne garde pas mes commandements. *Qui non diligit me, sermones meos non servat.* » (Jn 14, 23)

« Celui qui craint Dieu, était-il dit dans l'ancienne loi, ne néglige rien. *Qui timet Deum nihil negligit.* » (Si 34, 16) Cela reste vrai. Mais l'amour sera-t-il moins fort et moins ferme que la crainte ? Ce ne serait plus alors un véritable amour.

Si vous êtes négligent dans mon service, vos négligences me blessent et m'attristent.

III. Les témoignages d'amour venus d'une personne chère vont également droit au cœur

Réflexions. – La moindre attention délicate venue d'une personne chérie fait plus de plaisir que les dons de personnes indifférentes. Entre amis, les attentions comme les offenses vont droit

---

[1] - *Je connais ta conduite... puisque te voilà tiède, je vais te vomir de ma bouche.*

au cœur. C'est ce qu'exprime cette parole de l'époux au Cantique des Cantiques : « *Vous avez blessé mon cœur, ô mon épouse et ma sœur, vous l'avez blessé rien que par un regard de vos yeux ou par les cheveux qui tombent sur vos épaules.* » (Ct 4, 9)

Ces attentions délicates vont si loin et sont si fréquentes dans le monde entre personnes qui se sont voué une affection naturelle : n'est-ce pas une honte pour les amis de Notre-Seigneur, d'être surpassés en générosité par les gens du monde ?

Le Sauveur. – Oui, n'est-ce pas une confusion pour moi d'être moins aimé que les créatures ? Apprenez donc à ne pas dédaigner les petites choses. Il n'y a rien de petit dans mon amour. Vos attentions délicates touchent mon cœur, le réjouissent et vous préparent des grâces de choix.

AFFECTIONS ET RÉSOLUTIONS

Seigneur Jésus, puissé-je toujours vous servir avec un cœur brûlant et une fidélité imperturbable ! Vous m'avez tant aimé, Vous ! Vous êtes si généreux, si fidèle, Vous ! Je comprends que vous ne demeuriez pas dans un cœur avec vos grâces d'union, quand vous n'y trouvez pas une affection constante, fidèle, délicate. Aidez-moi, Seigneur, à vous donner mon affection. Je ne puis plus vivre sans vous.

BOUQUET SPIRITUEL

– Euge, serve bone et fidelis, quia super pauca fuisti fidelis, super multa te constituam, intra in gaudium Domini tui. (Matth. XXV, 21)

– Habeo adversum te quod charitatem tuam primant reliquisti. (Apoc. II, 4)

– Quia tepidus es, incipio evomere te ex ore meo. (Apoc. III, 16)

– Venez, bon et fidèle serviteur, parce que vous avez été fidèle dans les petites choses, je vous en confierai de grandes ; entrez dans la joie du Seigneur. (Mt 25, 21)

– J'ai contre toi que tu es déchu de ta première ferveur. (Ap 2, 4)

– Parce que tu es tiède, tu me donnes des nausées. (Ap 3, 16)

Vingt-huitième méditation

C'est par amour pour Notre-Seigneur qu'une âme consacrée à Dieu doit pratiquer les vertus de son état.

I. Préparation pour la veille

Lecture du saint Évangile : Jn 15

5. Ego sum vitis, vos palmites : qui manet in me et ego in eo, hic fert fructum multum : quia sine me nihil potestis facere. 6. Si quis in me non manserit, mittetur foras sicut palmes, et arescet, et colligent eum, et in ignem mittent et ardet. 7. Si manseritis in me, et verba mea in vobis manserint, quodcumque volueritis petetis et fiet vobis. 8. In hoc clarificatus est Pater meus, ut fructum plurimum afferatis et efficiamini mei discipuli.

5. Je suis la vigne et vous les sarments : celui qui demeure en moi et moi en lui, celui-là porte beaucoup de fruits ; car sans moi vous ne pouvez rien faire. 6. Si quelqu'un ne demeure pas en moi, il sera jeté dehors comme un sarment ; il se desséchera, on le ramassera, on le jettera au feu et il brûlera. 7. Si vous demeurez en moi et gardez mes paroles, demandez tout ce que vous voudrez et vous l'aurez. 8. C'est en cela que mon Père a

été glorifié, que vous portiez des fruits et que vous soyez devenus mes disciples.

Sommaire. – Notre-Seigneur faisait de toutes ses actions autant d'actes de charité et il désire que nous fassions de même.

D'ailleurs en donnant notre cœur à Notre-Seigneur nous trouvons une grande facilité à pratiquer la vertu et à travailler à notre perfection.

Si au contraire nous refusons notre cœur à Notre-Seigneur, si nous ne le lui donnons pas dès le début de notre vie religieuse, nous l'attristons et nous méconnaissons notre véritable fin.

II. Méditation

1. Lecture du saint Évangile

2. Méditation

Le disciple. – Je sais, ô mon bon Maître, que vous demandez nos cœurs et que vous avez soif de notre amour. Je désire le mieux comprendre encore et répondre à votre désir, aidez-moi, éclairez mon esprit, échauffez mon cœur. Parlez, Seigneur, votre serviteur écoute.

I. Il faut faire des vertus de son état autant d'actes de charité

Réflexions. – L'amour que Notre-Seigneur demande ne dispense pas des autres vertus. Il doit, au contraire, les porter à la perfection. Ceux qui l'aiment véritablement observent avec rigueur la pauvreté, la chasteté et l'obéissance, s'ils sont religieux. Ils n'y cherchent pas de lâche adoucissement. Ils suivent avec une admirable fidélité ce que leur règle leur prescrit.

Les vertus dont Jésus nous a lui-même donné l'exemple n'ont pas tenu lieu chez lui d'amour pour son Père, mais elles ont été pratiquées avec amour. L'amour en faisait autant d'actes de charité parfaite. Tous ses actes étaient inspirés, soutenus et vivifiés par son amour pour son Père. C'est cela que nous pouvons et que nous devons imiter.

Le Sauveur. – Je n'ai pas pris seulement une intelligence créée pour apprécier ce que je devais à mon Père, mais aussi un cœur vivant et aimant, un cœur sensible et bon pour aimer mon Père en le servant et en expiant vos offenses. J'ai donné ma vie, non pas avec l'amère résignation d'une victime, mais avec l'amour le plus tendre, avec l'affection la plus profonde. Ce grand amour mérite bien un peu de retour. Ce retour, me le donneriez-vous si vous veniez à moi comme une victime vient à son bourreau ? Si vous acceptiez l'immolation quotidienne des vœux comme une pure condamnation ? Non, c'est par la charité que vous pouvez et devez rendre votre holocauste parfait et agréable à mon Cœur.

II. En donnant notre cœur à Notre-Seigneur nous trouvons une grande facilité à pratiquer la vertu et à travailler à notre perfection

Réflexions. – Ceux qui entrent en religion, contractent en quelque sorte un pacte avec Notre-Seigneur. En échange des grâces de salut et de sanctification qu'ils lui demandent, ils lui donnent leur volonté et ils engagent leur liberté par le vœu d'obéissance. Ils lui consacrent leur chair par le vœu de chasteté. Ils se reposent sur lui du soin de pourvoir aux besoins de leur vie par le vœu de pauvreté. La fin qu'ils se proposent, c'est de le posséder. Ceux qui lui donnent avec tout cela les affections de leur cœur, ceux qui ne considèrent pas les trois vœux comme suffisants tant qu'ils ne lui ont pas voué leur amour, ceux-là ont toujours de plus grandes facilités pour pratiquer dans la perfection les vertus de leur état, parce que, au don de leur cœur, Jésus répond par des grâces de choix.

Un religieux soucieux de sa perfection ne doit donc pas se dire que les trois vœux qu'il a faits lui tiennent lieu d'amour. Il ne doit pas se considérer comme irréprochable en agissant sans amour.

Le Sauveur. – Ce ne serait pas être généreux que de dire : « L'observation des commandements étant une marque suffisante d'amour, je vais bien au-delà en pratiquant les conseils. » Ce qui est vrai, c'est que les commandements eux-mêmes doivent être observés avec amour par les justes : « *Lex Dei ejus in corde ejus[1]*. » (Ps 36, 31) Et saint Paul vous avertit que la foi doit agir par amour : « *fides quæ per caritatem opera-tur[2]* ». (Ga 5, 6)

III. Si nous refusons notre cœur à Notre-Seigneur nous l'attristons et nous méconnaissons notre véritable fin

Réflexions. – Si on refuse à Notre-Seigneur des marques d'affection, c'est donc qu'on le considère comme un maître sans cœur ! Comprendre ainsi la vie parfaite, c'est agir comme pourrait le faire un esclave vis-à-vis d'un maître cruel. « Il faut à mon maître, diriez-vous, ceci et cela pour qu'il ne me châtie pas, ou qu'il m'accorde telle récompense. Je lui donne ce qu'il exige et la récompense m'est due. Je m'immolerai et me sacrifierai membre à membre, s'il le faut, parce que je tiens à la récompense et que je redoute le châtiment ; quant aux affections, mon maître n'en a pas besoin. C'est bien une assez grande marque d'amour de faire pour lui tous ces sacrifices. » Un pareil raisonnement serait un outrage fait au Cœur du bon Maître. Jésus n'est pas un tyran qui récompenserait ses victimes en proportion des tor-

---

[1] - *La loi de son Dieu est inscrite dans son cœur.*
[2] - *La foi qui agit par amour.*

tures auxquelles elles se sont résignées. Personne d'ailleurs n'a osé formuler une telle pensée.

Il n'y a pas d'âmes chrétiennes qui raisonnent ainsi de parti pris, mais n'y en a-t-il pas qui agissent en fait comme si elles pensaient ainsi ? Elles ont lu que la crainte est le commencement de la sagesse et elles s'en tiennent là. Elles oublient que l'amour de Dieu est la fin même de l'homme. Etre appelé au ciel, c'est être appelé à aimer Dieu pour toujours. Nulle part il n'est écrit qu'il faille négliger cet amour sur la terre et le réserver pour le ciel. L'apôtre saint Paul maudit ceux qui n'aiment pas : « *Si quis non amat Dominum nostrum Jesum Christum sit anathema[1].* » (1 Co 16, 22) Aimer Dieu dès cette vie, c'est jouir du ciel par anticipation.

Sans doute on est agréable à Notre-Seigneur lorsqu'on pratique en esprit de foi les vertus chrétiennes et religieuses ; mais vouloir se borner à la foi seule, refuser de donner son cœur à Notre-Seigneur, regarder la vie d'affection envers lui comme une nouveauté, c'est méconnaître le véritable esprit de l'Évangile. Regarder la charité comme un couronnement de la perfection qui ne doit venir qu'après la pratique de toutes les vertus, c'est une illusion. La charité accompagne et

---

[1] - *Si quelqu'un n'aime pas Notre-Seigneur Jésus Christ, qu'il soit anathème !*

soutient toute la vie chrétienne : « *qui non diligit, manet in morte[1]* ». (1 Jn 3, 14)

Les âmes simples le comprennent facilement. Il ne leur vient pas à l'esprit qu'il faille atteindre la perfection avant d'être admises à aimer leur Sauveur. Elles ne trouvent pas étrange ni dangereux de s'aider de l'amour envers sa sainte humanité, de s'aider des élans affectueux du cœur pour servir Dieu avec plus de générosité. Elles comprennent tout de suite que vouloir être saint, c'est vouloir aimer Dieu et s'unir à lui. Elles disent dans leur cœur : « *Mihi adhærere Deo bonum est. – Mon bonheur est de m'unir à Dieu.* » (Ps 72, 28) L'union par l'amour se fait sans effort pour les âmes généreuses.

Le Sauveur. – Venir à moi avec amour, ce n'est pas omettre la foi, c'est la rendre vivante, car la foi n'opère que par la charité. Ce n'est pas non plus venir à moi avec les grimaces d'une sensiblerie sans consistance ; car venir amoureusement à moi, le grand sacrifié, c'est aller au modèle de tous les sacrifices ; c'est venir puiser dans mon Cœur et dans les trésors de mon amour une force à toute épreuve, un soutien dans les souffrances et dans les croix.

L'affection du cœur telle que je la demande porte à l'action et à la générosité. Ceux qui m'aiment écoutent ma parole et y conforment leurs actions : « *Si quis diligit me, sermonem meum*

---

[1] *- Celui n'aime pas, demeure dans la mort.*

servabit[1]. » (Jn 14, 23) Ma parole est la règle de leur conduite. « *Ego Dominus, docens te utilia, gubernans te in via in qua ambulas[2].* » (Is 48, 17) Il faut donc se garder de ces apparences de sentiments par lesquelles les hommes se trompent quelquefois eux-mêmes. Il ne faut pas attacher d'importance à certaines ferveurs qui durent ce que dure un feu de paille et qui ne produisent rien de durable. Le signe auquel on reconnaît la valeur d'un sentiment du cœur, ce sont les œuvres qu'il inspire : « *Operibus credite.[3]* » (Jn 10, 38) Il ne suffit pas de me dire qu'on m'aime, il faut faire ce que je dis et le faire de bon cœur : « *Filioli, non diligamus verbo neque lingua, sed opere et veritate[4].* » (1 Jn 3, 18) Je demande une affection qui porte à l'action et une action soutenue par l'affection. Tel doit être le caractère des fidèles et des religieux voués à mon cœur.

AFFECTIONS ET RÉSOLUTIONS

Bon Maître, j'ai compris vos désirs, aidez-moi à les réaliser. Je renouvelle devant vous ma résolution de vous offrir chacune de mes actions, au moins les principales de la journée, dans cet esprit

---

[1] - *Si quelqu'un m'aime, il gardera ma parole.*

[2] - *Je suis le Seigneur qui t'enseigne ce qui t'est utile et qui te guide sur le chemin où tu t'engages.*

[3] - *Croyez en mes œuvres.*

[4] - *Mes enfants, n'aimons pas en parole et en discours, mais en acte et en vérité.*

d'amour et de générosité que vous demandez de moi.

BOUQUET SPIRITUEL

– *Filioli, non diligamus verbo neque lingua sed opere et veritate.* (1 Joan. III)

– *Fides per dilectionem operatur.* (Gal. V)

– *Si quis diligit me sermonem meum servabit.* (Joan. XIV, 23)

– Mes enfants, n'aimons pas seulement en paroles, mais en œuvres et en vérité. (1 Jn 3, 18)

– La foi agit par la charité. (Ga 5, 6)

– Si quelqu'un m'aime, il gardera mes paroles. (Jn 14, 23)

Vingt-neuvième méditation

L'union habituelle avec Notre-Seigneur

I. Préparation pour la veille

Lecture du saint Évangile : Jn 14

18. Non derelinquam vos orphanos, veniam ad vos. 19. Adhuc modicum : et mundus me jam non videt. Vos autem videbitis me : quia ego vivo, et vos vivetis. 20. In illo die vos cognoscetis quia ego sum in Patre meo, et vos in me, et ego in vobis. 21. Qui habet mandata mea et servat ea, ille est qui diligit me. Qui autem diligit me, diligetur a Patre meo : et ego diligam eum, et manifestabo ei meipsum. 22. Dicit ei Judas, non ille Iscariotes : Domine quid factum est, quia manifestaturus es nobis teipsum, et non mundo ? 23. Respondit Jesus, et dixit ei : Si quis diligit me, sermonem meum servabit et Pater meus diliget eum, et ad eum veniemus, et mansionem apud eum faciemus.

18. Je ne vous laisserai point orphelins, je viendrai à vous. 19. Encore un peu de temps et le monde ne me verra plus. Mais, pour vous, vous me verrez, parce que je vis et que vous vivrez aussi. 20. En ce jour là vous connaîtrez que je suis en mon Père, et vous en moi, et moi en vous. 21. Celui qui a reçu mes commandements et qui les garde, c'est celui qui m'aime ; et celui qui

m'aime sera aimé de mon Père, et je l'aimerai aussi, et je me découvrirai à lui. 22. Judas, non pas l'Iscariote, lui dit : Seigneur, d'où vient que vous vous découvrirez à nous et non pas au monde ? 23. Jésus lui répondit : Si quelqu'un m'aime, il gardera ma parole et mon Père l'aimera, et nous viendrons à lui, et nous ferons en lui notre demeure.

Sommaire. – Aimer Jésus, c'est le bonheur des élus. L'aimer sur la terre est un avant-goût du ciel. Jésus veut des amis, c'est pour cela qu'il vient établir le règne de son Cœur, le règne de son amour. Les prêtres voués au Cœur de Jésus doivent être les propagateurs de ce règne d'amour, ils doivent donc les premiers être unis à Jésus.

Méditons sur les moyens de faciliter cette union. Ces moyens sont : de vivre habituellement dans une douce intimité avec Jésus, – de penser à lui constamment comme on pense à un père, à un ami, à un époux, – c'est aussi de recourir habituellement à Marie qui veut aider à établir ce règne d'amour.

II. Méditation

1. Lecture du saint Évangile

2. Méditation

Le disciple. – Seigneur, éclairez-moi, je veux demeurer avec vous et ne plus vous quitter. Attachez-moi à vous pour toujours.

I. L'âme qui aime Jésus est heureuse ici-bas et fait plaisir à Jésus

Les élus dans le ciel glorifient Dieu le Père en aimant Notre-Seigneur. Aimer Notre-Seigneur, jouir amoureusement de sa possession, c'est le bonheur réservé à ses saints. Ceux qui l'aiment dès la vie d'épreuve, ont déjà un avant-goût du Ciel. Il est plus doux de le servir par amour que de le servir froidement et par crainte. Il aime mieux aussi avoir des amis que des serviteurs. – Faire régner son Cœur, c'est donner à son Cœur cette satisfaction d'avoir des amis. Les prêtres de bonne volonté qui auront la générosité de vouer leur vie à l'aimer devront dépenser leurs forces à lui conquérir cet amour dans les âmes. Le règne de son Cœur doit être un règne d'amour, c'est donc dans et par l'amour qu'il s'établira. Il pourrait l'établir par lui-même au cœur des fidèles.

Mais il a toujours voulu associer amoureusement à ses œuvres de grâce, des amis dont il a demandé la coopération. Pour se communiquer ainsi à beaucoup d'âmes généreuses il veut se servir de prêtres dévoués et de zélateurs fervents qui soient les propagateurs de son règne d'amour. Comme il a fondé son Église par le ministère de ses apôtres et le sang des premiers martyrs, il veut fonder le règne de son Cœur, par le ministère de nouveaux apôtres assez généreux pour ne pas lui marchander leur cœur et leur vie.

Le Sauveur. – L'Église a été fondée dans l'amour, c'est dans l'amour qu'elle doit se renouveler et se régénérer comme je l'ai annoncé à Marguerite-Marie. C'est pour cela que je veux faire régner mon Cœur.

II. L'union avec Notre-Seigneur est le moyen d'entretenir l'amour pour Jésus

Pour entretenir dans leur cœur le feu sacré de l'amour, les prêtres voués au Sacré-Cœur doivent vivre dans l'union avec lui. Leur manière de lui donner leur cœur doit être de vivre habituellement dans une douce intimité avec lui. Cette communication cœur à cœur doit reproduire le commerce intime dans lequel Jésus vivait avec Marie et Joseph. Il suffit à son amour que la masse des fidèles lui voue l'affection qu'un enfant aimant donne à son père. A ses prêtres, il demande, ou plutôt il offre plus, il veut qu'ils l'aiment avec une plus grande tendresse, qu'ils viennent à lui avec l'abandon d'un ami qui va à son ami, d'un frère qui aime son frère. Cet abandon plein de simplicité l'attirera à eux et fera qu'il se communiquera à eux avec tendresse.

Le Sauveur. – Dans le sacrement de mon amour, je me communique avec une tendresse sans égale, puisque je viens habiter l'âme de celui qui me reçoit. Habiter une âme, est une grande joie pour mon Cœur : « *Deliciæ meæ esse cum filiis hominum.*[1] » (Pr 8, 31) De même la vie mystérieuse que je mène dans les âmes par la contemplation est une communion intime à l'âme de mes amis. Les prêtres de mon Cœur doivent me donner cette consolation. Quand je suis devenu l'objet continuel des affections d'un cœur, je m'unis à lui avec délices. Penser une fois à moi le jour au moment où la règle prescrit une méditation, cela suffit à la sanctification et au salut, cela ne suffit pas à mon amour.

III. La méditation d'une âme unie à Jésus est continuelle

La méditation d'une âme unie à Jésus est incessante ; elle se prolonge même dans les occupations les plus variées. Jésus est tellement l'objet des affections de cette âme, qu'elle se plaît à le chercher partout. Elle le trouve toujours. Ce genre de méditation n'exige pas une tension fatigante de

---

[1] - *Mes délices d'être parmi les hommes.*

l'esprit. Celui qui aime véritablement ne se fatigue pas en pensant à l'objet de son amour.

N'a-t-on pas souvent une pareille application pour des choses de l'ordre naturel ? Un savant poursuit l'idée qui le préoccupe même au milieu du bruit ; un poète contemple son rêve favori même au milieu des situations les plus absorbantes. Un ami pense à son ami absent, un fils à son père, une épouse à son époux. Pour les amis de son Cœur, Jésus veut être le père, l'ami, l'époux. Les diverses circonstances de sa vie mortelle sont des tableaux qu'ils doivent contempler comme le poète contemple ses rêves. Mais cette contemplation doit se faire par le cœur plus que par l'imagination.

Le Sauveur. – Y a-t-il rien de plus facile que de venir à moi par ces moyens si simples ? L'objet étant surnaturel, l'acte sera surnaturalisé. Par ces moyens, on passera facilement sa vie dans mon Cœur. Mes prêtres doivent employer ces moyens et faire tous leurs efforts pour être les amis de mon Cœur. Ma grâce les aidera, mon Père et moi nous habiterons en eux pour leur communiquer la grâce de notre Esprit.

Ma Mère a hâte de voir le triomphe de mon amour. Ses prières en appellent l'effusion. Elle enveloppera d'une tendresse toute spéciale ceux qui voudront bien travailler à la réalisation de cette grande œuvre, si chère à son cœur. Les prêtres voués à mon Cœur auront donc en elle une Mère particulièrement tendre et une protectrice à laquelle mon Cœur de Fils ne saurait rien refuser. C'est par elle qu'il faut venir à moi, dans les difficultés, c'est à elle qu'il faut recourir. On obtiendra par elle les grâces de contemplation qui rendent facile l'union avec moi.

AFFECTIONS ET RÉSOLUTIONS

Je veux m'appliquer, Seigneur, à vivre dans cette intimité avec vous que vous m'offrez vous-même. Je veux que vous soyez l'objet continuel des affections de mon cœur. Je veux penser à vous habituellement et affectueusement. J'irai à vous par Marie.

BOUQUET SPIRITUEL

– *Si quis diligit me, sermonem meum servabit et Pater meus diliget eum et ad eum veniemus et mansionem apud eum faciemus.* (Joan. XIV, 23)

– *Vivo ego, jam non ego, vivit vero in me Christus.* (Gal. II, 20)

– *Si quis non amat Dominum nostrum Jesum Christum, anathema sit.* (I Cor. XVI, 22)

– Si quelqu'un m'aime, il gardera mes commandements, et mon Père l'aimera, et nous viendrons à lui et nous établirons en lui notre séjour. (Jn 14, 23)

– Je vis, ou plutôt non, c'est Jésus Christ qui vit en moi. (Ga 2, 20)

– Si quelqu'un n'aime pas Notre-Seigneur Jésus Christ, qu'il soit anathème. (1 Co 16, 22)

Trentième méditation

Sur la paix de l'âme

I. Préparation pour la veille

Lecture du saint Évangile : Mt 11

25. In illo tempore respondens Jesus dixit : Confiteor tibi, Pater, Domine cœli et terræ, quia abscondisti hæc a sapientibus et revelasti ea parvulis. 26. Ita, Pater : quoniam sic fuit placitum ante te. 27. Omnia mihi tradita sunt a Patre meo : Et nemo novit Filium, nisi Pater : neque Patrem quis novit, nisi Filius, et cui voluerit Filius revelare. 28. Venite ad me, omnes qui laboratis, et onerati estis, et ego reficiam vos. 29. Tollite jugum meum super vos, et discite a me, quia mitis sum et humilis corde : et invenietis requiem animabus vestris. 30. Jugum enim meum suave est, et onus meum leve.

25. Alors Jésus dit ces paroles : Je vous bénis, Père, Seigneur du ciel et de la terre, de ce que vous avez caché ces choses aux sages et aux prudents, et que vous les avez révélées aux petits. 26. Oui, Père, cela est ainsi parce que vous l'avez voulu. 27. Mon Père m'a mis toutes choses entre les mains, et nul ne connaît le Fils que le Père, comme nul ne connaît le Père que le Fils et celui à qui le Fils aura voulu le révéler. 28. Venez à moi, vous tous qui êtes fatigués, et qui êtes

chargés, et je vous soulagerai. 29. Prenez mon joug sur vous ; apprenez de moi que je suis doux et humble de Cœur ; et vous trouverez le repos de vos âmes. 30. Car mon joug est doux, et mon fardeau est léger.

Sommaire. – La paix de l'âme ne se trouve que dans l'union à Dieu. Sur la terre, cette union se fait par la conformité à sa volonté sainte. Cette volonté est connue, ce sont les commandements de Dieu pour les fidèles, les conseils et les devoirs spéciaux pour les âmes consacrées.

Accomplir la volonté divine en esprit de foi et d'obéissance, c'est bien. Mais l'accomplir par charité, par amour, est un moyen bien plus puissant, plus agréable à Dieu. La charité suppose la foi et l'espérance. Elle donne une surabondance de grâce telle que par elle la conformité à la volonté divine se fait joyeusement et sans effort.

II. Méditation

1. Lecture du saint Évangile

2. Méditation

Le disciple. – Bon Maître, vous nous avez promis votre paix, que ferai-je pour l'acquérir ?

I. La paix parfaite de l'âme n'est qu'au ciel

Réflexions. – La véritable quiétude ne se trouve qu'au ciel. Là les âmes saintes se reposent en Dieu. Voir Dieu face à face en le possédant dans l'amour et dans la gloire, c'est votre fin, c'est votre repos. Votre destinée est d'être unis à Notre-Seigneur d'une manière si intime et si étroite, que, selon la parole de son apôtre, vous deveniez d'autres Christs, vous soyez des dieux. Cette sorte de déification est une absorption de l'âme humaine par Jésus, l'époux des âmes.

Sur la terre, l'âme sera d'autant plus proche de cette quiétude qu'elle sera plus près de Notre-Seigneur. La quiétude sur la terre ne saurait être complète, parce que l'âme, si haut qu'elle s'élève dans l'amour de Dieu peut toujours tomber. La sécurité n'est qu'au ciel. Cependant l'âme humaine sent tellement ce besoin de paix et de repos qu'elle cherche à l'obtenir par tous les moyens. Sur la terre, il ne peut exister qu'une paix relative, et celle-ci ne mérite le nom de paix qu'autant qu'elle est un acheminement à la paix céleste, une marche vers la fin de l'homme qui est la possession de Dieu en Notre-Seigneur et par lui.

Le Sauveur. – Venez donc à moi, vivez en union avec moi, vous qui désirez cette paix suave qui surpasse tout sentiment. Venez ; en entrant dans les cœurs, je les remplis de paix et de joie.

II. Sur la terre on possède la paix de l'âme par l'union à la volonté de Dieu

Réflexions. – Comment possède-t-on Dieu et la paix qui résulte de son amitié ? Par la conformité à sa volonté sainte. Jésus l'a dit dans l'Évangile : « Ce ne sont pas ceux qui disent : 'Seigneur, Seigneur', qui entreront dans le ciel, mais ceux qui font la volonté de mon Père. » (Mt 7, 21)

La grâce aide les âmes à faire cette volonté sainte. Correspondre à la grâce qui porte les âmes à faire la volonté de Dieu est donc le grand moyen d'arriver à la paix de l'âme.

Cette volonté divine est facile à connaître. Le fidèle connaît les commandements. Celui qui a la conscience de les bien observer jouit d'une grande paix même au milieu des épreuves et des agitations de la vie. Il attend avec confiance sa dernière heure. Les privilégiés de Notre-Seigneur, ceux qu'il appelle à une vie plus parfaite connaissent aussi leurs devoirs et trouvent la paix dans l'accomplissement de ces devoirs.

Mais pour les uns comme pour les autres, les intentions directrices, les considérations qui soutiennent l'âme, les moyens pratiques enfin peuvent être vus sous trois aspects différents et s'étayer sur trois bases solides : la foi, l'espérance et la charité. La foi rend méritoires les actions qu'elle inspire, l'espoir des récompenses promises soutient dans les défaillances de la nature. Ces deux bases choisies comme point d'appui principal, sans exclure un certain degré de charité, suffisent pour nous aider puissamment dans la conformité à la volonté divine. S'aider de ces moyens, c'est plaire à Dieu, mais il y a un autre moyen bien plus puissant, bien plus agréable à Dieu. Ce moyen c'est la charité, c'est l'amour de Dieu. La foi et l'espérance supposent toujours un certain degré de charité, mais il peut être faible. La charité renferme en elle les deux autres vertus, car on ne peut aimer Dieu sans croire et espérer en lui.

Le Sauveur. – Le grand moyen de toucher mon Cœur et d'obtenir une surabondance de grâce telle que la conformité à ma volonté se fasse joyeusement et comme sans effort, c'est de m'aimer, c'est de prendre mon amour comme base et soutien de tout ce que l'on fait. Si cet amour devient toute la passion d'une âme, elle éprouve une telle facilité pour faire ce que je veux d'elle que les sacrifices lui deviennent des sujets de joie. La joie dans le sacrifice et dans le martyre, c'est le cachet de la vie des saints.

III. Le moyen d'arriver à une ardente charité c'est la contemplation tion de l'humanité sainte du Sauveur

Réflexions. – La considération des beautés infinies de Dieu est bien difficile sur la terre où l'on ne voit Dieu qu'à travers un voile. Mais la contemplation de l'amour de Dieu pour les hommes nous est facile. Nous vivons au milieu des bienfaits que nous a prodigués cet amour, car la plus grande marque de l'amour de Dieu pour nous, c'est le don de son Fils unique. L'amour de Dieu est facilité par l'amour de l'humanité sainte de Jésus. L'amour de Notre-Seigneur contemplé sous les formes sensibles de son humanité, c'est l'amour pour un Dieu, puisque Jésus est Dieu. C'est un acte de charité, car les affections pour Notre-Seigneur sont toujours élevées à cette hauteur par la grâce. Il est facile d'exciter notre cœur à ce genre d'actes de charité. La représentation des scènes de la vie mortelle du Sauveur, celles de sa passion surtout, sont des moyens à la portée de tous. Cet exercice ne coûte pas d'effort, il suffit d'avoir un cœur pour s'y livrer. Aussi les âmes simples, ces âmes que Jésus aime tant, parce que ce sont des âmes d'enfants, vont tout droit à lui par ce moyen que leur cœur leur inspire.

Le Sauveur. – Cet amour pour moi donne une grande force pour l'accomplissement de la volonté divine. Il est déjà par lui-même l'accomplissement du premier commandement : Vous aimerez votre Dieu. Mais de plus, on obéit facilement à celui qu'on aime. On m'obéit facilement quand on m'aime, on me suit et on m'imite. C'est le moyen le plus facile pour arriver à cette conformité à la volonté divine qui donne la paix de l'âme, la confiance et un avant-goût du ciel.

AFFECTIONS ET RÉSOLUTIONS

Je ne chercherai pas la paix de l'âme ailleurs que dans l'amour de Jésus. Son Cœur est le lieu de mon repos. Si je l'aime, tout m'est bon, la joie ou la souffrance, l'honneur ou le mépris.

J'entretiendrai cet amour de Jésus dans mon cœur par son souvenir fréquent et par la méditation habituelle des mystères de sa vie mortelle, de sa passion et de sa vie eucharistique.

BOUQUET SPIRITUEL

– *Tollite jugum meum super vos et invenietis requiem animabus vestris.* (Mat. XI, 28)

– *Non in commotione Dominus.* (III, Reg. XIX)

– *Pacem relinquo vobis, pacem meam do vobis.* (Joan. XIV, 27)

– *Et pax Dei quæ exsuperat omnem sensum, custodiat corda vestra et intelligentias vestras in Christo Jesu.* (Philip. IV, 7)

– Prenez sur vous mon joug et vous trouverez le repos de vos âmes. (Mt 11, 28)

– Dieu n'est pas dans le trouble. (1 R 19, 11)

– Je vous laisse la paix, je vous donne ma paix. (Jn 14, 27)

– Que la paix divine qui surpasse tout sentiment garde vos cœurs et vos intelligences dans le Christ Jésus. (Ph 4, 7)

Trente-et-unième méditation

Le sacrifice par amour

I. Préparation pour la veille

Lecture du saint Évangile : Lc 9

*20. Dixit autem illis : Vos autem quem me esse dicitis?
Respondens Simon Petrus dixit : Christum Dei. 21. At ille
increpans illos, præcepit ne cui dicerent hoc. 22. Dicens:
quia oportet Filium hominis multa pati, et reprobari a
senioribus et principibus sacerdotum et scribis, et occidi et
tertia die resurgere. 23. Dicebat autem ad omnes : si quis
vult post me venire, abneget semetipsum et tollat crucem
suam quotidie et sequatur me.*

20. Jésus leur dit : Et vous, que dites-vous que je
suis ? Simon Pierre répondit : Le Christ de Dieu.
21. Mais Jésus leur dit sévèrement : Ne dites cela
à personne. 22. Parce qu'il faut que le Fils de
l'homme passe par de grandes souffrances, qu'il
soit rejeté par les anciens, les princes des prêtres
et les scribes, qu'il soit mis à mort et qu'il ressuscite le troisième jour. 23. Puis il disait à tous : Si
quelqu'un veut venir après moi, qu'il se renonce à
soi-même, qu'il prenne sa croix chaque jour et
qu'il me suive.

Sommaire. – Il y a des hommes qui se donnent et se dévouent jusqu'à la mort pour des motifs et des sentiments purement humains, pourquoi ne le ferait-on pas pour l'amour du Sauveur ?

Ceux qui portent la croix par amour trouvent la croix très douce. La vue de Jésus gravissant péniblement le calvaire rend courage à ceux qui faiblissent.

Jésus est tombé plusieurs fois, l'amour le relevait. La contemplation de Jésus souffrant est une lumière et une force. Donnons-nous généreusement à Jésus, comme il s'est donné pour nous. Rien ne coûte au cœur aimant.

II. Méditation

1. Lecture du saint Évangile

2. Méditation

Le disciple. – Bon Maître, je veux vous suivre ; que dois-je faire ? Parlez, je ferai tout pour votre amour.

I. Notre-Seigneur aime les sacrifices faits par amour

Réflexions. – Les ministres, les confidents de rois de la terre, n'hésitent pas à consacrer tous leurs instants au maître mortel qu'ils se sont donné. Il y a même de beaux exemples de fidélité jusque dans l'infortune. – Le soldat dans un beau et noble dévouement sacrifie son repos, s'expose à mille dangers, à des fatigues, à des privations de toutes sortes, et perd généreusement sa vie pour un maître qu'il ne connaît même pas ou pour l'amour d'une patrie qui ignorera son sacrifice et qui souvent n'en tirera aucun profit. – Ceux qui suivent Notre-Seigneur dans la voie généreuse du sacrifice savent qu'il les connaît, qu'il les suit d'un regard attendri, qu'il se plaît à compter leurs mérites, qu'il leur prépare avec amour une récompense incomparable. Cette certitude soutient leur courage, ranime leurs espérances, échauffe leur dévouement.

Le Sauveur. – J'aime à trouver mieux encore, j'aime à être servi par des amis, par des amants, qui, laissant de côté toute préoccupation de récompense, ne cherchent dans mon service que le bonheur de donner satisfaction à mon Cœur, à mon besoin d'aimer et d'être aimé. Ceux-là portent leur croix avec amour ; ils ne pensent même pas qu'ils se sacrifient. Ils unissent leurs souffrances aux miennes et elles deviennent pour eux si douces, qu'elles se changent en joies. Les yeux fixés sur leur Jésus, cloué à la croix par amour pour eux, ils bravent avec l'énergie que seul peut donner l'amour, des épreuves qui abattraient les plus intrépides.

II. La contemplation de Jésus souffrant est une lumière et une force dans les défaillances

Réflexions. – Que l'on suive donc Notre-Seigneur avec amour et l'on marchera joyeusement dans cette voie royale de la croix qu'il a parcourue le premier par amour pour les hommes. Si l'on est tenté de s'arrêter pour regarder en arrière, qu'on le contemple gravissant, dans un épuisement et un abattement que rien n'égale, la montée du Calvaire. On trouvera dans cette contemplation un doux reproche à sa faiblesse momentanée. Il est tombé plusieurs fois sous le poids de sa croix. Il comprend des faiblesses que lui-même a voulu éprouver. Mais s'il est tombé d'épuisement, l'amour lui a rendu des forces. Dans ces moments de lassitude et d'épuisement, il aide lui-même avec complaisance les amants de sa croix. Il se plaît alors à relever leur courage en leur donnant un plus grand degré d'amour.

Le Sauveur. – Je me plais à faire pénétrer dans ces bons cœurs un rayon de ma lumière. Je ne laisse pas marcher dans les ténèbres ceux qui portent la croix à ma suite. Il est vrai que je me plais parfois à retirer ces lumières qui donnent tant de forces. Je ne le fais que pour éprouver davantage et pour pouvoir élever les âmes à un degré plus haut. Si l'on était toujours dans la lumière, l'épreuve disparaîtrait et l'amour serait moins méritoire. Les lumières que je donne dans l'épreuve sont allumées au flambeau de la foi. L'amour en fait un foyer qui rend le cœur ardent et renouvelle les forces. Ma lumière est vivifiante. Si l'on me contemplait dans ma beauté céleste, l'amour serait facile, mais où en serait le mérite ? Je suis touché de l'amour qu'excite la compassion à mes souffrances.

III. La passion de Jésus est un autre motif de lui donner notre amour

Réflexions. – Les preuves d'amour que Jésus a données dans sa douloureuse passion sont un motif bien suffisant de l'aimer. Les hommes n'hésitent pas à donner leur affection à un de leurs frères qui leur a rendu quelque service. Et lui, il a épuisé tous les sacrifices qu'un homme peut faire. Pouvant par l'union de son humanité à sa divinité jouir des plus grandes délices et opérer le salut des hommes sans souffrir, il a volontairement sacrifié les joies du ciel pour embrasser une vie d'épreuves et de souffrances, terminée par une mort ignominieuse. On ne comprendra qu'au ciel l'étendue du sacrifice qu'il a embrassé. On comprendra toute la profondeur de son amour. Ces motifs ne sont-ils pas suffisants pour exciter chez les hommes qu'il a tant aimés le désir de lui offrir leur cœur en retour ? Cette lumière n'est-elle pas suffisante pour être assuré qu'on ne marche pas dans les ténèbres ? Faudrait-il tant de raisonnements pour l'aimer, si l'on méditait ces choses avec son cœur ? Il a fait cela pour la gloire de son Père, il l'a fait aussi pour ses frères, parce qu'il les aime, parce qu'il voulait leur prouver son amour et forcer en quelque sorte la porte de leur cœur.

Le Sauveur. – Quelque chose que l'on voie dans les mystères de l'incarnation et de la rédemption, si l'on n'y voit pas éclater mon amour, on est dans les ténèbres. L'amour immense que j'ai pour les hommes est la lumière qui éclaire ces mystères, c'est une lumière vivifiante. Les froides clartés de la raison sont impuissantes à expliquer les mystères de l'amour. Qu'on laisse donc le faible flambeau de la raison pour s'éclairer dans la fournaise d'amour de mon Cœur. Renoncements, sacrifices, croix, souffrances de toutes sortes seront conservées dans cette fournaise et le cœur suivra dans mon amour une voie pure et lumineuse. Rien ne coûte au cœur aimant. M'aimer est le moyen de porter les épreuves sans en être abattu et de se rendre suaves toutes les amertumes.

C'est le seul moyen de marcher à ma suite, car ma vie, à moi, a été et est toujours une vie d'amour.

AFFECTIONS ET RÉSOLUTIONS

Seigneur, je m'attache à votre amour, à votre Cœur pour ne plus m'en éloigner. Les renoncements, les travaux, les fatigues, les souffrances ne me coûteront pas en les embrassant pour votre amour. Je serai heureux de pouvoir souffrir quelque chose pour vous.

BOUQUET SPIRITUEL

– *Oblatus est quia ipse voluit.* (Is. LIII, 7)

– *Cum gaudio sustinuit crucem.* (Hebr. XII, 2)

– *Ambulate in dilectione sicut et Christus dilexit nos et tradidit semetipsum pro nobis.* (Eph. V, 2)

– *In tribulatione superamus propter eum qui dilexit nos.* (Rom. VIII, 37)

– Il s'est offert librement. (Is 53, 7)

– C'est avec joie qu'il a porté la croix. (He 12, 2)

– Marchez dans les voies de la charité, comme le Christ nous a aimés et s'est livré pour nous. (Ep 5, 2)

– Dans les tribulations surmontons le découragement pour l'amour du Christ. (Rm 8, 37)

Trente-deuxième méditation

De la force dans l'amour

I. Préparation pour la veille

Lecture du texte sacré : Ct 8

6. Pone me ut signaculum super cor tuum, ut signaculum super brachium tuum : quia fortis est ut mors dilectio, dura sicut infernus æmulatio : lampades ejus, lampades ignis atque flammarum. 7. Aquæ multæ non potuerunt extinguere charitatem, nec flumina obruent illam : si dederit homo omnem substantiam domus suæ pro dilectione, quasi nihil despiciet eam.

6. Place-moi comme un sceau sur ton cœur et comme un sceau sur ton bras : parce que l'amour est fort comme la mort et la jalousie est tenace comme l'enfer : ses foyers sont des foyers de feu et de flammes. 7. Les grandes eaux n'on pas pu éteindre l'amour, et les fleuves ne le détruiront pas : si un homme donne toute sa fortune pour l'amour, il comptera cela comme rien.

Sommaire. – L'amour vrai doit être généreux et invincible. Il doit se montrer fort dans l'observation de la loi. – Il doit rester fort dans les épreuves. – Il doit être fort et courageux dans l'action et dans les occupations de la vie quotidienne.

II. Méditation

1. Lecture du texte sacré

2. Méditation

Le disciple. – Bon Maître, vous méritez un amour infini, un amour généreux et sans bornes ; pourquoi donc le mien est-il toujours faible et chancelant ? J'en suis confus. Aidez-moi, fortifiez mon amour afin qu'il soit vraiment digne de vous.

I. L'amour vrai doit montrer sa force dans l'observation de la loi

Réflexions. – Quels sont les caractères auxquels on reconnaît les véritables amis de Notre-Seigneur ? Un de ces caractères est la force et la générosité dans l'amour. On manifestera d'abord cette générosité par l'observation de toute la loi.

Aimer Notre-Seigneur, c'est le préférer à tout, le mettre au-dessus de tout. La nature de l'amour n'est-elle pas de préférer à tout le reste l'objet auquel on a voué ses affections ? On ne peut pas dire sans cesse à Notre-Seigneur, qu'on l'aime, mais on peut toujours lui donner des preuves de son amour dans tous les actes de la vie en les ordonnant et les réglant en vue de lui et de son Père céleste. S'agit-il de choisir entre une chose défendue et une chose permise, celui qui aime Notre-Seigneur n'a même pas besoin de délibérer : ce qui est défendu offense Notre-Seigneur, et un amant ne peut offenser de propos délibéré son bien-aimé.

L'observation rigoureuse, délicate même, de tous les commandements sera donc le premier fruit de l'amour. On ne peut hésiter sur le choix. Il s'impose à la volonté, parce qu'il s'impose à la raison et au cœur en même temps.

La lutte contre les passions, lutte incessante, courageuse, héroïque même au besoin, sera la première preuve d'amour, et cette preuve sera permanente parce que toujours celui qui aime trouvera dans son cœur un secours puissant pour soutenir sa volonté et la diriger dans la voie des commandements.

Le Sauveur. – Oui, le courage avec lequel on observe, par amour pour moi, mes préceptes et ceux de mon Église, est une mesure certaine de l'amour qu'on m'a voué. La force dans l'obéissance est le premier fruit de mon amour.

II. L'amour doit rester fort dans les épreuves

Réflexions. – C'est surtout quand il faut souffrir que se révèle toute la force que l'âme puise dans l'amour du divin Cœur de Jésus. – « *Charitas patiens est[1].* » (1 Co 13, 4) – Cette patience à supporter tout ce qui blesse la nature, on la trouve toujours quand on aime.

On n'a pas besoin d'aller au loin pour trouver des occasions de souffrir et de donner par sa fermeté et son courage des preuves solides de son amour. Les conditions ordinaires et les plus communes de la vie amènent fréquemment des souffrances à endurer, des mortifications pénibles. C'est une fatigue plus grande, une incommodité ou une maladie à supporter, une humiliation à endurer ; ce sont des froissements, des contrariétés, des peines de cœur de tout genre. Celui qui aime supporte tout cela avec patience, accepte tout en louant et bénissant Dieu. « L'amour est fort comme la mort, ainsi qu'il est dit au Cantique. C'est un foyer puissant que les flots ni les torrents n'éteindront pas. Celui qui aime donne tout et souffre tout pour l'objet aimé et compte cela pour rien. » (cf. Ct 8, 6-7)

Si l'on veut se rendre compte du degré d'amour que l'on a pour Notre-Seigneur, il suffit de considérer la manière dont on supporte les épreuves. – « *Charitas omnia suffert, omnia susti-*

---

[1] *- L'amour est patient.*

net.[1] » (1 Co 13, 7) – La patience et la force dans la souffrance sont donc des signes infaillibles de charité, lorsque cette patience et cette force sont basées sur l'amour qu'on a voué à Notre-Seigneur. Ceux qui l'aiment extrêmement ne sont pas seulement patients et forts, ils sont joyeux d'avoir dans telle ou telle souffrance une occasion de lui prouver leur amour. L'amour de la croix est le plus précieux de tous les fruits produits par son amour.

Le Sauveur. – C'est mon amour pour mon Père et pour vous qui m'a soutenu dans toutes mes tribulations et mes souffrances. C'est l'ardent amour des apôtres et des martyrs envers moi qui les a encouragés et fortifiés dans les humiliations et les épreuves. « Ils revenaient joyeux des interrogatoires, dit le livre des Actes, parce qu'ils avaient eu la grâce de souffrir pour l'amour de mon nom : *Ibant gaudentes a conspectu concilii, quoniam digni habiti sunt pro nomine Jesu contumeliam pati.* » (Ac 5, 4)

Quelques épreuves viendront nécessairement. La sainte Écriture vous le rappelle souvent. Je purifie mes amis et je leur offre quelques occasions de mérites. Saint Paul vous avertit de penser alors à mes souffrances pour ne pas vous décourager : « *Recogitate eum qui talem sustinuit a*

---

[1] - *L'amour excuse tout, supporte tout.*

peccatoribus contradictionem, ut ne fatigemini, animis vestris deficientes[1]. » (He 12, 3)

Je corrige mes enfants et je purifie mes amis. Si donc je ne vous corrigeais pas, c'est que vous ne seriez pas mes enfants. Vos pères de l'ordre charnel vous corrigent et vous les aimez. Pourquoi n'aimeriez-vous pas le Père de vos âmes, qui vous corrige pour vous préparer une récompense éternelle ?

III. L'amour doit être fort dans les occupations de la vie quotidienne

Réflexions. – Ainsi la pratique des commandements et le support des souffrances sont des marques d'amour d'autant plus grandes qu'on est plus généreux et qu'on se propose plus fermement de prouver à Notre-Seigneur par ces moyens l'affection qu'on a pour lui. Dans la vie active ordinaire, cet amour trouve encore un aliment. Ceux que l'obéissance appelle à cette vie ne peuvent, comme les contemplatifs, employer leur temps à dire leur amour à Notre-Seigneur, mais ils sont heureux de le lui prouver par leurs œuvres extérieures. Ils ne se plaignent pas de la part qui leur est dévolue par leur supérieur, parce qu'ils savent que la volonté divine est qu'ils fassent ce qui leur est commandé, et non ce qui pourrait plaire le plus à leur ima-

---

[1] - *Songez à celui qui a enduré de la part des pécheurs une telle contradiction afin de ne pas défaillir par lassitude de vos âmes.*

gination. La prompte et joyeuse obéissance est donc pour eux un moyen de prouver à Notre-Seigneur qu'ils l'aiment, parce qu'ils savent bien que cette obéissance même est la preuve d'amour qu'il leur demande. Ils vont donc à l'action et ils y vont avec zèle. Ils consacrent à l'œuvre qui leur est demandée tout le soin dont ils sont capables. Ils sont heureux de penser que Notre-Seigneur les regarde, qu'il suit avec une attention bienveillante tout ce qu'ils font pour lui plaire, et ce sentiment, en ravivant l'ardeur de leur cœur, leur donne de nouvelles forces.

Le Sauveur. – J'ai dit déjà combien j'aime la délicatesse avec laquelle on s'applique aux petites choses. Aussi l'obéissance et l'action des vrais amis de mon Cœur n'ont rien de morose et de chagrin ; elles sont empressées, actives, joyeuses même, car la joie de me donner une marque d'amour enlève au sacrifice son amertume. C'est que la charité peut tout en moi parce que je fortifie les cœurs de ceux qui m'aiment. « *Fortis est ut mors dilectio[1].* » (Ct 8, 6) La force, tel est le don qui suit toujours un amour vrai voué à mon Cœur. Je désire que l'on médite souvent sur les effets de mon amour. Mon amour résume tout, toutes les grâces en découlent et le don de force est le premier que j'apporte en apportant le Saint-Esprit.

Aussi mes amis sont parfaitement obéissants à toutes leurs règles et à toutes les autorités aux-

---

[1] *- L'amour est fort comme la mort.*

quelles ils sont soumis. L'obéissance est le sacrifice de leur cœur à mon amour.

AFFECTIONS ET RÉSOLUTIONS

Oui, mon bon Maître, je le comprends. Je dois vous aimer généreusement. Vos sacrifices pour moi ont été sans limites. Que puis-je vous refuser ?

Mon amour pour vous doit se témoigner par un dévouement infatigable et par un courage invincible à votre service. Les épreuves même ne doivent pas me décourager. C'est en père que vous me châtiez et me corrigez et je dois embrasser votre main qui me frappe pour mon plus grand avantage. Je vous offrirai plus fidèlement toutes mes actions et mes peines en esprit d'amour et de dévouement.

BOUQUET SPIRITUEL

– *Fortis est ut mors dilectio.* (Cant. VIII)

– *Si dederit homo omnem substantiam domus suæ pro dilectione, quasi nihil despiciet eam.* (Ibidem)

– L'amour est fort comme la mort. (Ct 8, 6)

– Si quelqu'un donne tout son avoir par amour, il compte cela pour rien. (Ct 8, 7)

Trente-troisième méditation

De la persévérance dans l'amour

I. Préparation pour la veille

Lecture de l'Epître aux Romains, chapitre 8

35. Quis ergo nos separabit a charitate Christi ? tribulatio ? an angustia ? an fames ? an nuditas ? an periculum ? an persecutio ? an gladius ? 36. (Sicut scriptum est : quia propter te mortificamur tota die : æstimati sumus sicut oves occisionis). 37. Sed in his omnibus superamus propter eum qui dilexit nos. 38. Certus sum enim quia neque mors, neque vita, neque angeli, neque principatus, neque virtutes, neque instantia, neque futura, neque fortitudo, 39. neque altitudo, neque profundum, neque creatura alia poterit nos separare a charitate Dei quæ est in Christo Jesu Domino nostro.

35. Qui donc nous séparera de l'amour du Christ ? la tribulation ? l'angoisse ? la faim ? la nudité ? le péril ? la persécution ? le glaive ? 36. (Comme il est écrit : Nous sommes exposés à la mort pour vous tous les jours, nous sommes des victimes d'immolation). 37. Mais nous surmonterons tout cela pour celui qui nous a aimés. 38. Je suis sûr que ni la mort, ni la vie, ni les anges, ni les principautés, ni les vertus, ni le présent, ni l'avenir, ni la force. 39. Ni ce qui est

d'en haut, ni ce qui est d'en bas, ni aucune créature ne pourra nous séparer de l'amour de Dieu qui est dans le Christ Jésus Notre-Seigneur.

Sommaire. – La force que donne l'amour n'est pas passagère, elle est persévérante comme lui-même.

L'amitié est un pacte qui doit être indestructible.

L'amour doit persévérer même à travers les plus rudes épreuves.

II. Méditation

1. Lecture du texte sacré

2. Méditation

Le disciple. – Je vous aime, ô mon bon Maître, mais mon amour est encore faible. Je le voudrais plus ferme et plus constant, affermissez-le et rendez-le persévérant et inébranlable.

I. La force de l'amour doit être persévérante

Réflexions. – La force que donne l'amour de Notre-Seigneur n'est pas passagère, elle est durable comme l'amour lui-même. Pourquoi son amour une fois entré dans une âme ne serait-il pas durable et perseverant ? Sur quoi se fonde son amour ? Est-ce sur un sentiment passager et sans consistance ? Non, c'est sur un sentiment profond dont le cœur se remplit quand il a été touché de ce que Notre-Seigneur a fait pour mériter cet amour.

Les raisons de l'aimer subsistent toujours, et chaque jour, chaque instant en amène de nouvelles, parce que chaque jour est, pour ses fidèles, marqué par de nouvelles faveurs. Pourrait-on donner le nom d'amour à un caprice de la sensibilité ?

Renoncer à l'aimer lorsqu'on lui a donné une fois son cœur serait une véritable apostasie. Par quoi remplacerait-on cet amour, si on le chassait de son cœur ? « *Omni tempore diligit qui amicus est.* Le véritable ami aime avec persévérance. » (Pr 17, 17) Ne devrait-on pas rougir de se comporter avec Notre-Seigneur comme ces hommes au cœur changeant et mobile, qui passent sans raison d'une affection à une autre et vont ainsi d'idoles en idoles, comme les enfants vont d'un jeu à un autre ?

Il faut prendre au sérieux les promesses qu'on lui fait. Un homme a perdu toute considération quand il change à chaque instant de ligne de conduite.

Que dire de ceux qui, au lieu de persévérer dans le don d'eux-mêmes, retireraient leur cœur pour l'appliquer à des futilités, ou, ce qui est pire encore, à des choses qui offensent Notre-Seigneur ? Il est le plus fidèle de tous les amis. Il prend au sérieux, lui, les dons et les promesses qu'on lui fait.

Le Sauveur. – Qui ne voit qu'il y a dans les caprices par lesquels on s'éloigne de moi une grave injure faite à mon Cœur ? N'ai-je pas le droit de me tenir pour outragé, quand on se comporte envers moi avec cette légèreté inqualifiable ? Pourquoi manque-t-on de persévérance le plus souvent ? Parce que l'on manque de courage. On recule devant une épreuve, devant un sacrifice, devant une humiliation et alors on me retire son cœur par lâcheté.

Il n'y a pas d'autre mot pour qualifier l'acte du soldat qui abandonne son poste en présence du danger. On se comporte comme un soldat de parade, bon tout au plus à tirer vanité de manœuvres sans danger dans lesquelles on l'admire. Lorsqu'on agit ainsi envers moi, il y a plus encore que de la lâcheté : il y a un outrage auquel je suis très sensible. L'amour est délicat, il ne faut pas l'oublier. Si les plus petites choses blessent sa délicatesse, que dire des infidélités honteuses et outrageantes inspirées par la lâcheté ? Je demande donc, par-dessus tout, la persévérance. Qui ne sait pas persévérer dans mon amour ne m'aime pas, quoi qu'il dise pour se tromper lui-même.

Toutes les excuses que l'on peut alléguer ne sont que des défaites de l'amour-propre aux abois.

II. L'amitié est un pacte qui doit être indestructible

Pour se mettre en garde contre le manque de persévérance, il faut bien comprendre que l'amour de Notre-Seigneur n'est pas un vain sentiment ou un pur jeu de la sensibilité. Qui veut se vouer à l'aimer ne doit pas s'attendre à trouver toujours dans son cœur ou dans sa sensibilité des impressions pleines de charme. Ce serait une dangereuse illusion, et un amour fondé sur de telles espérances ne pourrait être persévérant.

Pour une âme vouée au Sacré-Cœur, l'aimer c'est s'attacher à lui si profondément, si intimement, si fortement, que l'on soit prêt à tout braver plutôt que de consentir à se séparer de lui.

Le Sauveur. – M'aimer, me donner son cœur, c'est faire un pacte avec le sacrifice. M'aimer, c'est être possédé de la folie de la croix, c'est se donner à moi sans réserve, pour toujours, sans esprit de retour.

M'aimer, c'est être prêt à faire à chaque instant, sur un signe du supérieur qui tient ma place, tous les sacrifices que l'obéissance peut exiger et être prêt à les faire promptement, sans murmurer, avec une joie d'autant plus grande qu'on trouvera dans l'étendue même du sacrifice une plus grande occasion de me prouver que l'on m'aime. La première qualité d'un amour comme celui-là, c'est la persévérance. C'est dans sa persévérance même qu'il se fortifiera, qu'il approchera davantage de l'héroïsme.

III. L'amour facilite la persévérance dans le sacrifice

Si l'on hésite à se donner généreusement dans une si large mesure, si le cœur n'éprouve pas d'abord pour Notre-Seigneur un sentiment assez profond pour consentir à de pareils sacrifices, que l'on fasse appel à la raison éclairée par la foi, et l'on comprendra bien vite que ceux qui embrassent cette vie sont encore ceux qui choisissent la meilleure part.

La méditation des grandes vérités, la nécessité du salut qu'il faut faire à tout prix, sont des considérations qui suffisent à elles seules pour faire embrasser la voie du sacrifice. Que de saints pénitents ont fait des prodiges de mortification en se soutenant par la crainte salutaire du jugement ! L'observation nécessaire des commandements n'exige-t-elle pas une lutte continuelle, persévérante, et quelquefois des sacrifices de premier ordre ?

Que de martyrs ont rendu témoignage de leur foi pour ne pas violer un précepte de nécessité de salut ! Si la nécessité du salut exige parfois des sacrifices héroïques, perdra-t-on à faire ce sacrifice non pas seulement en vue du salut, mais plutôt en vue de témoigner son amour à Notre-Seigneur ? L'acte héroïque étant le même en apparence a une valeur bien plus grande lorsqu'il est inspiré par la charité que lorsqu'il est inspiré seulement par la crainte de la perdition.

Le Sauveur. – Sans doute les actes héroïques sont rarement demandés, mais qui veut vivre en grâce avec moi doit, de nécessité de précepte, supporter bien des luttes. Il doit persévérer dans ces luttes avec un grand courage. Ce courage, cette persévérance sont nécessaires à tous les chrétiens. Pourquoi hésiterait-on à faire par amour pour moi ce que l'on est tenu de faire par nécessité de salut ? Ceux qui s'aident de l'amour trouvent des forces inconnues aux autres, parce qu'ils obtiennent un secours surabondant de ma grâce, toujours prête à se répandre dans les cœurs qui m'aiment. L'amour donne autant de force que la crainte et il donne une force douce, pleine de confiance en la bonté de celui à qui on s'est donné pour l'aimer.

Ainsi la persévérance dans le sacrifice, soutenue par la persévérance dans l'amour est un fruit précieux de la dévotion à mon Cœur. Je désire que l'on persévère dans mon amour après m'avoir donné son cœur, comme on persévère dans la pénitence lorsqu'on a senti dans son âme la crainte de mes jugements. Tel est le caractère particulier des sentiments que je voudrais voir dominer dans les âmes vouées à mon Cœur. Qu'elles fassent tout ce qu'une crainte salutaire a inspiré aux saints pénitents, mais qu'elles le fassent par amour pour moi, pour me prouver la sincérité de leur oblation et de leur donation.

AFFECTIONS ET RÉSOLUTIONS

Vous m'avez donné la grâce de commencer à vous aimer, ô mon bon Maître, donnez-moi la grâce de persévérer dans votre amour quoi qu'il puisse m'en coûter. C'est dans l'esprit d'amour que je veux vous offrir constamment mes actions de chaque jour, mes travaux et mes peines.

BOUQUET SPIRITUEL

– *Quis ergo nos separabit a charitate Christi ?* (ad Rom. VIII)

– *In omnibus superamus propter eum qui dilexit nos.* (Ibidem)

– *Omni tempore diligit qui amicus est.* (Prov. 17)

– Qui donc nous séparera de l'amour du Christ ? (Rm 8, 35)

– Nous supporterons tout pour celui qui nous a aimés le premier. (Rm 8, 37)

– Le véritable ami persévère dans son amitié. (Pr 17, 17)

Index des citations bibliques

Index des noms

Table des matières

Les formes de l'amour

**Les moyens pour acquérir
et conserver la ferveur de l'amour**

Effets de l'amour